Wieviel Schönheit ist auf Erden
unscheinbar verstreut;
möcht' ich immer mehr des inne werden.
Wieviel Schönheit, die den Taglärm scheut,
in bescheidnen alt' und jungen Herzen!
Ist es auch ein Duft von Blumen nur,
macht es holder doch der Erde Flur,
wie ein Lächeln unter vielen Schmerzen.

Christian Morgenstern

Leben überall – neu

5. Jahrgangsstufe

erarbeitet von
Walter Barsig, Hans Berkmüller, Julius Kavasch (†), Anton Kreuz und Siegbert Merkle
unter Mitarbeit von Dr. Ernst Fuchs und Dr. Gertraud Fuchs

 Verlag Ludwig Auer Donauwörth

Vom Bayerischen Staatsministerium für Unterricht und Kultus zum lernmittelfreien Gebrauch an Hauptschulen zugelassen. Nr. 12/412/77 - V.

Bildnachweis

Titelfoto: Bavaria, Gauting

Bavaria, Gauting: 7, 8 u. l., 8 u. r., 9 u. l., 9 u. r., 10 o., 10 u., 13 u., 21, 22, 28 l., 33 u. r., 34 2x, 42, 44 u., 45 2x, 50, 52, 55 2x, 56 o. r., 56 u. l., 56 u. r., 58 o., 60, 62, 64 2x, 65, 67, 69, 70 2x, 71 2x, 73 3x, 75 o. r., 76, 79 2x, 80 2x, 81 3x, 85 u., 90, 91 4x

V-DIA-Verlag, Heidelberg: 9 o. r., 33 o. l., 33 o. m., 33 o. r., 33 m. l., 33 m. m., 33 m. r., 33 u. l., 33 u. m., 44 o., 58 u., 66 r., 82, 85 o., 87

Julius Kavasch, Mönchsdeggingen: 14 l.

Propublic, Frankfurt (Foto: Leonard): 27 r.

Bilderdienst Süddeutscher Verlag, München: 28 r.

Franz Meitinger, Donauwörth: 18, 31 l., 38 l., 53 r., 54, 66 l., 68 l., 68 r., 77

pressehuset, Kopenhagen: 31 m., 31 r.

Presse-Bild-Poss, Siegsdorf: 32

Hans Berkmüller, Unterknöringen: 11 3x, 12 2x, 13 o. 2x, 19 r., 23 2x, 53 l., 57, 83

Walter Wissenbach, Herborn: 49

Okapia, Frankfurt: 56 o. l., 87 l.

Rüter/Okapia, Frankfurt: 75 o. l.

Augsburger Allgemeine: 24

Werner Engelhardt: 27 l.

Angermayer, Holzkirchen: 38 r., 49 u., 59 o., 87 r.

Karl Nägele, Donauwörth: 39

Erwin Nietsche, Donauwörth: 13 u. l.

Alles übrige Verlagsarchiv

1. Auflage, 3. unveränderter Nachdruck. 1978
© by Verlag Ludwig Auer, Donauwörth. 1977
Alle Rechte vorbehalten
Zeichnungen: Fritz Klieber, Nördlingen
Gesamtherstellung: Druckerei Ludwig Auer, Donauwörth
ISBN 3-403-00776-6

Inhaltsverzeichnis

Einführung

Biologie – Die Lehre vom Leben

Damit beschäftigt sich Biologie

Biologie bedeutet soviel wie Lehre vom Leben, beschäftigt sich also mit dem Leben. In ihr wird aufgezeigt, wie Menschen, Tiere und Pflanzen leben.

Lebendes

Dies sind Kennzeichen des Lebens

1. Stoffwechsel

Was ist Leben?

Niemand kann genau sagen, was Leben ist. Noch weniger ist es bis heute gelungen, herauszufinden, wie aus leblosem Stoff Leben entstehen konnte. Diese Frage wird vielleicht für immer ein Geheimnis bleiben.

Es läßt sich aber beschreiben, wie sich die pflanzlichen, tierischen und menschlichen Lebewesen (Organismen) von leblosen Körpern unterscheiden. Diese Unterscheidungsmerkmale nennt man die *Kennzeichen* des *Lebens*. Alle Lebewesen, auch wenn sie noch so unterschiedlich aussehen, haben nämlich gemeinsame Eigenschaften. Diese lassen sich in drei Hauptgruppen zusammenfassen:

Lebloses

8

Um leben zu können, müssen sich alle Lebewesen ernähren. Nicht nur Menschen nehmen regelmäßig Nahrung zu sich, sondern auch die Tiere. Diese Nahrung ist höchst unterschiedlich (Pflanzenfresser, Fleischfresser, Allesfresser). Beim Stoffwechselvorgang werden diese Nährstoffe in Körperenergie und Aufbauteile (Wachstum) umgewandelt.

Die Pflanzen nehmen ihre Nahrung hauptsächlich aus der Luft und über die Wurzeln auf. Die Stoffumwandlung geschieht in den Zellen. Für den Stoffwechselvorgang wird der wichtige Sauerstoff der Luft benötigt. Nicht nur Menschen und Tiere, sondern auch Pflanzen atmen; nur sind hier die Atmungs-, aber auch die Stoffwechselvorgänge nicht so gut wahrnehmbar.

2. Reizerscheinungen

Alle Lebewesen haben die Eigenschaft, Reize aufzunehmen und auf Reize zu antworten (reagieren). Menschen und Tiere reagieren auf *körperliche Reize* (Wärme, Kälte, Schmerz usw.). Sie nehmen diese Reize mit den freien Nervenenden, die an der Hautoberfläche liegen, auf. Aber auch *nichtkörperliche Reize* werden aufgenommen, so z. B. Angst, Freude. Auch Tieren kann man Freude machen oder sie ärgern. Sie antworten durch ein entsprechendes Verhalten. Die Katze schnurrt, wenn man sie streichelt, der Hund regt sich auf und bellt, wenn er an die Kette gelegt wird. Auch an Pflanzen läßt sich

beobachten, wie sie auf Reize antworten: Blüten schließen sich, wenn sich Temperatur- oder Lichtveränderungen ankündigen; sie neigen sich der Sonne zu. Bei Kälte hören die temperaturabhängigen Stoffwechselvorgänge auf.

9

3. Entwicklung und Fortpflanzung

Alle Lebewesen sind bei ihrer Entstehung zunächst klein. Sie müssen sich erst entwickeln, bis sie schließlich ihre endgültige Größe erreicht haben. Die *Entwicklung* ist also ein Kennzeichen des Lebendigen.

Häufig wechseln die Lebewesen während ihrer Entwicklung auch

die Form (Froschlaich – Kaulquappen – Frosch, Ei – Raupe – Puppe – Insekt, Ei – Küken – Henne, Apfelkern – Pflänzchen – Apfelbaum). Dies heißt *Formwechsel*. Jedoch entwickelt sich aus einem Hühnerei stets eine Henne oder ein Hahn und aus einem Apfelkern stets ein Apfelbaum. Man nennt dies den Entwicklungsgang eines Lebewesens. Zum Leben gehört aber auch dessen Vergänglichkeit. Alles Leben endet mit dem Tod. Doch will sich jedes Lebewesen, bevor es stirbt, fortpflanzen; es möchte seine Art erhalten (Arterhaltungstrieb).

Menschen haben Kinder, und Tiere bekommen Junge. Auch Pflanzen sorgen auf vielfältige Art für ihre Nachkommen. (Samen, Ableger, Ausläufer usw.) Die *Fortpflanzung* dient der Arterhaltung; sie ist allen Lebewesen gemeinsam.

Es gibt noch weitere Kennzeichen des Lebendigen. So können sich z. B. nur Lebewesen *bewegen*. Auch bei Pflanzen ist die Bewegungsmöglichkeit gegeben. Oberirdische Pflanzenteile wachsen stets dem Licht zu. Unterirdische lotrecht gemäß der Schwerkraft in Richtung Erdmittelpunkt.

Bei Tieren (z. T. auch beim Menschen) ist das jeder Art bestimmende *Verhalten* ebenfalls ein Kennzeichen des Lebendigen.

Denk- und Arbeitsanregungen

1. Versuche anhand einer Tabelle darzustellen, worin sich Menschen, Tiere und Pflanzen voneinander unterscheiden!
2. Fasse in einer Übersicht verschiedene Pflanzen und Tiere zusammen und führe an, was ihnen alles gemeinsam ist!
3. Stelle eine blühende Topfpflanze ans Fenster und beobachte, wie sich die Blüten bei Sonnenschein verhalten! Beobachte ebenso eine Sonnenblume am Morgen, Mittag und Abend!
4. Erkläre, wie man einen Hund ärgern bzw. erfreuen kann und berichte, wie er auf diese Reize reagiert!
5. Überlege, was du noch aus der Grundschule über die Fortpflanzung von Pflanzen und Tieren weißt!

■ **Diese Begriffe kennen wir jetzt**

Biologie – Leben – Stoff- und Energiewechsel – Reizerscheinungen – Formwechsel – Entwicklungsgang – Arterhaltung – Fortpflanzung

Wir wissen

▶ mit welchen Bereichen sich die Biologie beschäftigt,
▶ worin sich lebende Organismen von leblosen Körpern unterscheiden und welches wichtige Kennzeichen des Lebendigen sind.

Biologie, dein neues Lernfach

Bereits im Heimat- und Sachkundeunterricht der Grundschule hast du viel über den Menschen, über Tiere und Pflanzen erfahren.

Der Biologieunterricht in der 5. Jahrgangsstufe soll dir nun vertiefte Kenntnisse über die Lebensvorgänge, die Vielfalt der Lebewesen und deren Wechselbeziehungen mit der Umwelt vermitteln. Vor allem sollst du am Menschen erfahren, wie er gebaut ist, womit er seine Gestalt erhalten, sich stützen, schützen und bewegen kann. An verschiedenen Lebewesen wird gezeigt, wie sie Reize aufnehmen und darauf reagieren; dabei können letztlich Verhaltensweisen einer Tierart oder -gruppe erkannt werden.

Schließlich soll erarbeitet werden, inwieweit die Lebewesen durch ihre Körperausstattung, Nahrungswahl u. a. an ihre jeweilige Umwelt angepaßt sind.

Bei allen diesen Themenbereichen soll dir aber verdeutlicht werden, daß wir Menschen in besonderer Weise gegenüber allem Lebendigen verantwortlich sind. Du sollst deshalb dein Verhalten so ausrichten, daß das Lebendige durch dein Tun nicht zerstört wird, sondern erhalten bleibt und sich fortpflanzen kann. Diese Verantwortung hast du nicht nur gegenüber dir selbst. Um diese Ziele erreichen zu können, mußt du wie ein Forscher an die biologischen Erscheinungen herangehen.

Dazu ist erforderlich, daß du dir einige biologische Arbeitsweisen aneignest. Hierzu gehören:

Sammeln und Ordnen

Betrachten und Beobachten

Vergleichen und Messen

Experimentieren

Das Experiment ist eine sehr wichtige Arbeitsform für den Biologieunterricht. Mit seiner Hilfe können wir auf eine gestellte Frage an die lebendige Natur eine Antwort erhalten. Keimungs- und Wachstumsexperimente geben z. B. Auskunft auf die Frage nach den Bedingungen für Keimen und Wachsen. Bei Experimenten mit dem Regenwurm läßt sich unter anderem die Frage nach der Lichtempfindlichkeit beantworten. Beim Menschen können wir die Tastempfindlichkeit bestimmter Hautstellen erkennen.

Wie ein Experiment geplant und durchgeführt wird, wird dir unter Anleitung des Lehrers an vielen Beispielen deutlich gemacht. Eines ist jedoch für das Experimentieren dringend zu beachten: Quäle nie ein Tier und zerstöre nie mutwillig Pflanzen!

1. Stütz-, Schutz- und Bewegungssystem beim Menschen

Knochen stützen und schützen den Menschen

Weshalb sind die verschiedenen Turnübungen möglich?

Der Handstand wird durch das Knochengerüst und die eingeübte Schwerpunktsicherung ermöglicht. Sowohl die Turnübungen der Seite 13 als auch der normale aufrechte Gang setzen das Zusammenwirken von ca. 200 Einzelknochen voraus. Ohne sie würde der menschliche Körper in sich zusammenfallen. Dieses innere Gerüst nennt man allgemein das Skelett. Durch den normalen aufrechten Gang kommt die Sonderstellung des Menschen in der Natur deutlich zum Ausdruck. Die Füße sind so beschaffen, daß sie das ganze Körpergewicht tragen können, und durch die Beschaffenheit des Beckens und der Wirbelsäule wird der sichere Stand möglich. Deshalb vermag der Mensch Arme und Hände vielseitig zu gebrauchen.

Nicht nur durch die Einmaligkeit seines aufrechten Ganges, sondern auch durch die Vielfalt seiner Bewegungsmöglichkeiten unterscheidet er sich von anderen Lebewesen. Er kann kriechen, gehen, laufen, springen, schwimmen und klettern. Aufgrund seiner Intelligenz und der geschickten Hände ist der Mensch in der Lage, sich die Natur dienstbar zu machen und mit Hilfe der Technik die Spezialbegabungen der Tiere bei weitem zu übertreffen. Man sagt nicht zu Unrecht: „Kopf und Hand machen den Menschen."

Was verraten die Trittspuren?

Die Trittspuren verraten uns, daß wir im Gegensatz zu Hunden, Katzen, Rindern und Pferden mit der Sohle auftreten. Wir erkennen jedoch, daß die Fußsohle ein Gewölbe bildet, wir treten also nicht mit der ganzen Sohle auf. Beim Gehen und Laufen rollt der Mensch sich federnd ab. Man sagt, er ist ein Sohlengänger. Bei großer Belastung kann das Gewölbe nachgeben. Es kommt dann zu Schädigungen. Bei Plattfüßen ist das Fußgewölbe durchgedrückt und die ganze Sohle berührt die Unterlage. Senkfüße sind meist eine Vorstufe der Plattfüße. Rechtzeitiges Tragen von Schuheinlagen und gymnastische Übungen nach ärztlicher Vorschrift können Schlimmeres verhindern.

Denk- und Arbeitsanregungen

1. Wodurch wird die Sonderstellung des Menschen in der Natur deutlich?
2. Was ermöglicht dem Menschen den aufrechten Gang?
3. Was fällt uns auf, wenn wir die Trittspuren von Hund, Rind und Mensch miteinander vergleichen?
4. Sprich zu den zwei Bildern dieser Seite!

■ **Diese Begriffe kennen wir jetzt**

Knochengerüst (Skelett) – Sohlengänger – Fußgewölbe – Plattfüße – Senkfüße

Wir wissen

▶ wodurch die Sonderstellung des menschlichen Körpers in der Natur zum Ausdruck kommt,
▶ was das Stichwort „Sohlengänger" bedeutet,
▶ was man unter Platt- und Senkfuß versteht und welche Folgen sie für das Gehen haben.

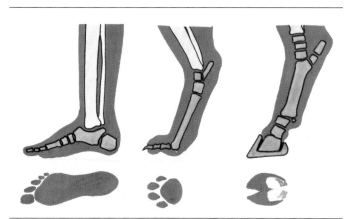

Welches sind die Gründe für den unterschiedlichen Bau der Knochen des menschlichen Skeletts?

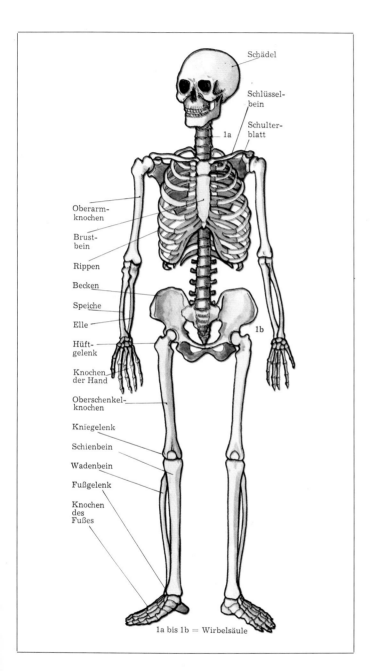

Schädel

Schlüssel-
bein

Schulter-
blatt

1a

Oberarm-
knochen

Brust-
bein

Rippen

Becken

Speiche

Elle

Hüft-
gelenk

Knochen
der Hand

Oberschenkel-
knochen

Kniegelenk

Schienbein

Wadenbein

Fußgelenk

Knochen
des
Fußes

1b

1a bis 1b = Wirbelsäule

Je nach Aufgabe sind die Knochen unterschiedlich gebaut.

Die gewölbten, durch Nähte starr miteinander verwachsenen Plattenknochen des Gehirnschädels schützen das empfindliche Gehirn wie eine Panzerkuppe.

Ebenfalls Schutzaufgaben haben die flachen, elastischen Knochen des Brustkorbes. Gegen Druck und Stoß von außen schützen sie die Lungenflügel, das Herz, die Milz und die Leber.

Eine besondere Bauweise hat der einzelne Wirbel. Er besteht aus dem massiven Wirbelkörper, den Dorn- und den Querfortsätzen und dem Wirbelbogen. In Verbindung mit dem Brustkorb ergibt sich Stabilität und Beweglichkeit, damit die Atmungsbewegungen ermöglicht werden.

Knochen, die tragen und stützen müssen, sind kräftig und stabil. Hierzu gehören die Knochen der Wirbelsäule, des Beckens und die Knochen der Beine. Entsprechend der Belastung nimmt auch die Größe der Wirbel von oben nach unten zu. Die Knochen des Beckens übertragen die Körperlast im Hüftgelenk auf den Oberschenkel. Er besteht aus einem röhrenförmigen Schaft und ist äußerst stabil. Im Inneren befindet sich das Knochenmark. Röhrenknochen sind elastisch wie Holz, druckfest wie Beton, biegfest wie Baustahl und zugfest wie Kupfer.

Wichtig für die Stützaufgaben der Knochen sind auch Gelenke und Bänder, welche die Knochen miteinander verbinden. Im Zusammenspiel mit den Muskeln wird so der aufrechte Gang und die vielseitige Bewegung ermöglicht.

Entsprechend der Hauptteile unseres Körpers wird das Knochengerüst gegliedert in Kopfskelett, Rumpfskelett und Gliedmaßenskelett.

Denk- und Arbeitsanregungen

1. Bestimme auf der Bildtafel die Hauptteile des Skeletts und erläutere ihre Bauweise und Funktion (Schützen, Stützen)!
2. Auf dieser Buchseite findest du einige Feststellungen über die Röhrenknochen. Erkunde unter Zuhilfenahme von Büchern, warum Röhrenknochen so besonders stabil sind!
3. Vergleiche das Knochengerüst des Menschen mit dem eines Säugetieres und stelle einzelne Gemeinsamkeiten fest (siehe Seite 16)!
4. Lebewesen, die im Wasser leben, haben ein vergleichsweise schwach ausgebildetes Skelett. Deute den Hauptgrund!

5. Anordnung und Funktion der Knochen beim Menschen und beim Säugetier sind teilweise verschieden. Stelle dies in einem Beispiel klar heraus!

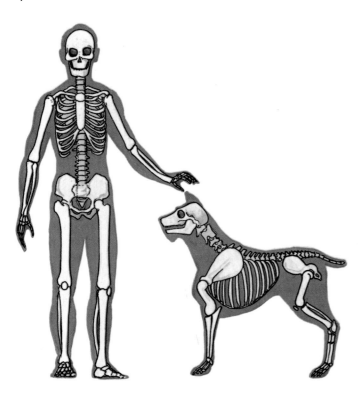

Stützt und schützt auch die Wirbelsäule?

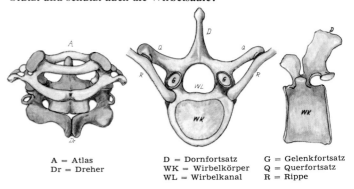

A = Atlas
Dr = Dreher

D = Dornfortsatz
WK = Wirbelkörper
WL = Wirbelkanal

G = Gelenkfortsatz
Q = Querfortsatz
R = Rippe

Die Wirbelsäule besteht aus 34 übereinandergelagerten Einzelknochen, die man Wirbel nennt. Aufgrund ihrer besonderen Bauweise kann die Wirbelsäule Stöße elastisch auffangen. Gleichzeitig gibt sie insgesamt dem Körper den Halt und ermöglicht damit den aufrechten Gang.

Nahezu alle Wirbel haben einen starken Wirbelkörper, der bereits beschrieben wurde. Durch die sinnvolle Anordnung der Einzelwirbel entsteht der Wirbelkanal, in dem das Rückenmark lagert. In ihm befinden sich geschützt die zentralen Nervenbahnen; deshalb kann es bei Verletzungen zu Lähmungserscheinungen kommen.

An den beiden Seiten der Wirbelbögen befinden sich Gelenkfortsätze. Die Bandscheiben bestehen aus elastischem Knorpel, der eine reibungsfreie Bewegung ermöglicht. Sie stellen einen Puffer zwischen den Wirbelkörpern dar.

Die Halswirbelsäule besteht aus sieben Wirbeln. Der erste Wirbel heißt Träger oder Atlas, weil er den Kopf trägt. Der Knochenring mit den zwei Gelenkpfannen paßt in die Gelenkköpfe des Hinterhauptbeines hinein und ermöglicht die Nickbewegungen. Das Zusammenwirken von Atlas und dem zweiten Halswirbel, dem Dreher, ermöglicht die Drehbewegungen des Kopfes. Mit seinem zapfenförmigen Fortsatz ragt er in den Ring des Atlas hinein. So wirkt er wie eine Drehachse. Es folgen noch fünf bewegliche Halswirbel. Die folgenden 12 Wirbel sind gelenkig mit den Rippen verbunden; sie werden Brustwirbel genannt. Die ersten zehn Rippenpaare sind durch Knorpel mit dem Brustbein verwachsen, während die beiden letzten Rippenpaare frei enden. Auf dem Rücken befinden sich die beiden dreieckigen Schulterblätter, die an ihren Rändern die Gelenkpfanne für den Kopf des Oberarmknochens tragen. Die Schlüsselbeine wirken wie Streben zwischen den Schulterblättern und dem Brustbein. Bei Unfällen sind Rippen- oder Schlüsselbeinbrüche keine Seltenheit. Nach entsprechender ruhiger Lagerung wachsen diese Knochen wieder zusammen.

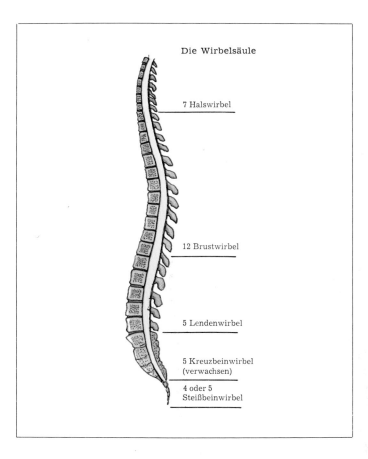

Die Wirbelsäule

7 Halswirbel

12 Brustwirbel

5 Lendenwirbel

5 Kreuzbeinwirbel
(verwachsen)

4 oder 5
Steißbeinwirbel

3. Nimm drei etwa 20 cm lange und ca. 5 mm starke Drahtstücke und biege diese entsprechend der Abbildung! Belaste die Drahtgestelle mit dem höchstzulässigen Gewicht und schreibe die Ergebnisse (Tragkraft) auf! Vergleiche die Drahtstücke mit der Form der menschlichen Wirbelsäule!

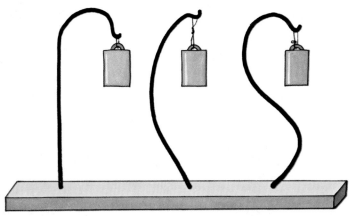

Welches Drahtstück verbiegt sich am stärksten?

4. Kontrolliert im Turnunterricht die Beweglichkeit der Wirbelsäule, indem ihr euch möglichst weit nach allen Seiten beugt und dreht! Beachtet, welche Wirbel jeweils für die einzelnen Drehungen verantwortlich sind!

5. Notiert, welche Turnübungen besonders für die Stärkung und Beweglichkeit der einzelnen Wirbelarten nützlich sind!

6. Untersucht an einem frischen Tierwirbel, welche Schutzvorrichtungen bestehen, damit die Drehungen der Wirbel keine schmerzhaften Reibungen verursachen!

Die fünf Lendenwirbel sind kräftiger als die Brustwirbel und sehr beweglich.
Die nächsten fünf Wirbel sind mit dem Darmbein gelenkig verbunden, sie bilden das Kreuzbein. Zusammen mit den Knochen des Beckengürtels bildet das Kreuzbein das Becken.
Das Steißbein besteht aus den vier oder fünf verkümmerten, zusammengewachsenen Endwirbeln.

Denk- und Arbeitsanregungen

1. Untersuche an deinem Partner beim Turnunterricht oder an einem menschlichen Skelett, welche Neigungen und Drehungen mit dem Kopf ausgeführt werden können und wie die einzelnen Wirbel dabei zusammenwirken!

2. Überlege, wie durch eine sinnvolle Haltung beim Gehen, Stehen und Sitzen eine Verkrümmung der Wirbelsäule vermieden werden kann!

■ **Diese Begriffe kennen wir jetzt**

Wirbelsäule – Atlas – Dreher – Rückenmark

Wir wissen

▶ welche Stützfunktion die Wirbelsäule hat,
▶ weshalb Verletzungen der Wirbelsäule lebensgefährlich sein können,
▶ welche Wirbel die Drehbewegung des Kopfes ermöglichen,
▶ in welche Teilabschnitte die Wirbelsäule eingeteilt wird,
▶ warum die besondere Bauweise und Form eine große Stabilität und Beweglichkeit ermöglicht.

Ist das Gehirn gut geschützt?

Die Knochen des Schädels sind überwiegend plattenförmig flach und durch Knochennähte fest miteinander verbunden.

Das Stirnbein, die beiden Scheitelbeine und ein Stück des Hinterhauptbeines bilden zusammen das Dach des Schädels. Die Schädelbasis wird vom Hinterhauptbein und vielen kleineren Knochen gebildet. Der Gesichtsschädel besteht zur Hauptsache aus dem Oberkiefer, den vorspringenden Jochbeinen, den beiden kleinen Nasenbeinen und dem Unterkiefer. Während alle übrigen Schädelknochen unbeweglich sind, ist der Unterkiefer beweglich, damit der Kauvorgang ermöglicht wird.

Bei schweren Gewalteinwirkungen ist ein Schädelbruch nicht auszuschließen, der für den Betroffenen mit Lebensgefahr verbunden sein kann. Der größte Teil des Kopfskeletts schützt nämlich das Gehirn. Geschützt sind aber auch – zumindest teilweise – die Augen, auch das Innenohr.

Beim Säugling sind die Knochen der Schädeldecke noch unverbunden. Diese Lücken in den Knochenverbindungen nennt man Fontanellen. Beim Erwachsenen sind nur noch die Nähte sichtbar; die Einzelteile sind zu einer festen Decke verwachsen.

Die Hand erlaubt vielseitige Bewegungen

Der aufrechte Gang ermöglicht es dem Menschen, seine Hand als ein „Universalwerkzeug" zu benutzen. Mit ihrer Hilfe wurde es ihm möglich, vor vielen Tausenden von Jahren einfache Werkzeuge aus Stein zu formen und sie als Waffe und Werkzeug einzusetzen. Bis in unsere Zeit konnte der Mensch die kompliziertesten Maschinen und Geräte bauen, die es ihm ermöglichen, ohne viel Körpereinsatz schwierige Arbeiten zu erledigen.

Die Greifhand des Menschen hat mehr als 20 Gelenke. Dadurch ist sie besonders beweglich und vielseitig verwendbar.

Die besondere Greiffähigkeit erlangt die Hand durch den Daumen. Seine Anordnung gegenüber den übrigen Fingern ermöglicht vielfältige Tätigkeiten. Der sehr bewegliche Mittelhandknochen des Daumens sitzt mit einem Sattelgelenk auf der Handwurzel, und deshalb kann er sich nach allen Seiten bewegen. Als „Gegenspieler" zu allen anderen Fingern verhilft er dem Menschen zu den umfassenden Greifmöglichkeiten. So können wir Schreibgeräte halten, mit Werkzeugen umgehen, Maschinen bedienen, Tasten und Knöpfe drücken u. a.

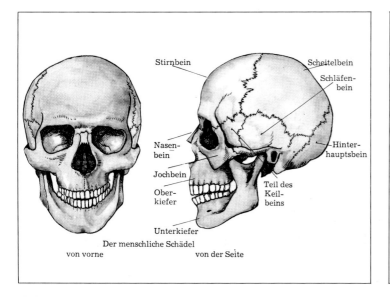

Stirnbein
Scheitelbein
Schläfenbein
Nasenbein
Jochbein
Oberkiefer
Unterkiefer
Hinterhauptsbein
Teil des Keilbeins

Der menschliche Schädel
von vorne   von der Seite

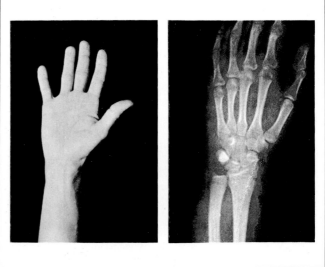

Müssen Knochen beweglich sein?

Denk- und Arbeitsanregungen

1. Wir betasten unseren Kopf und bestimmen die Hauptteile anhand der Abbildungen!
2. Überlege, wie das Schädelskelett wichtige Sinnesorgane schützt!
3. Versuche, verschiedene Tätigkeiten (Schreiben, Kämmen, Hämmern) auszuführen, ohne den Daumen zu benutzen!
4. Führe mit allen Fingern Bewegungsübungen aus und stelle fest, welche Drehbewegungen möglich sind!

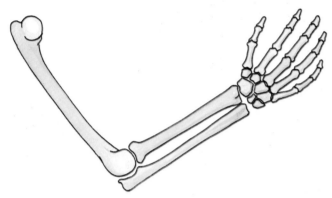

5. Bestimme anhand der Skizze des Armskeletts die einzelnen Teile!
6. Versuche herauszufinden, wo die Hand Gelenke aufweist!

Die Knochen verleihen dem Menschen nicht nur Stabilität, sondern sie sind auch so beschaffen, daß ein Höchstmaß an Bewegung möglich ist. Es sind die verschiedenen Gelenke, die uns die Bewegung erlauben. An einem Tiergelenk, das von jedem Metzger zu bekommen ist, erkennen wir den sinnvollen Bau der Gelenke. Auch die untenstehende Abbildung verdeutlicht die Bestandteile.

Die Gelenkkapsel besteht aus einer faserhaltigen Stützsubstanz, dem Bindegewebe und den Bändern. Sie ist luftdicht mit dem Knochen verwachsen, so daß die Gelenkteile schon allein durch den Luftdruck aneinandergehalten werden. Glatte und elastische Knorpel überziehen die Knochenenden. In der Innenfläche der Kapsel befindet sich eine zähe und klebrige Flüssigkeit. Diese „Gelenkschmiere" hält die Gelenke im Innern feucht und vermindert dadurch die Reibung. Gelenkkopf und Gelenkpfanne ermöglichen so eine vielseitige Bewegung des Körpers. Unter den verschiedenen Gelenken des Körpers unterscheiden wir fünf Hauptarten. Durch verschiedene Bewegungen läßt sich feststellen, welche Gelenkformen vorzufinden sind. Atlas und Dreher bilden zusammen ein Drehgelenk. Dagegen bildet der Oberarm zusammen mit einem Schulterblatt ein Kugelgelenk. Die Beugung der Finger erfolgt wie bei einem Scharnier an einer Türe, deshalb spricht man in diesem Fall von einem Scharniergelenk. Eine Besonderheit ist das Ellbogengelenk; der Unterarm kann auf und ab bewegt, aber auch nach links und rechts gedreht werden. Dieses zusammengesetzte Gelenk besteht aus einem Scharnier- und einem Drehgelenk (Mischgelenk).

■ Diese Begriffe kennen wir jetzt

Kopfskelett – Schädelbasis – Stirnbein – Schädelbruch – Schädelkapsel – Fontanellen
Greifhand – Fingerknochen – Mittelhandknochen – Handwurzel – Elle – Speiche

Wir wissen

▶ wie die Schädelknochen miteinander verbunden sind,
▶ weshalb Kopfverletzungen vor allem bei Kleinkindern gefährlich sind,
▶ welche wichtigen Teile das Schädelskelett aufweist,
▶ worin die besondere Bedeutung des Daumens liegt.

Das Kniegelenk

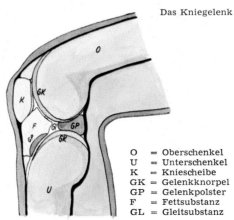

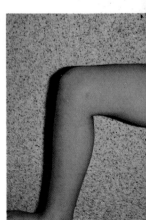

O = Oberschenkel
U = Unterschenkel
K = Kniescheibe
GK = Gelenkknorpel
GP = Gelenkpolster
F = Fettsubstanz
GL = Gleitsubstanz

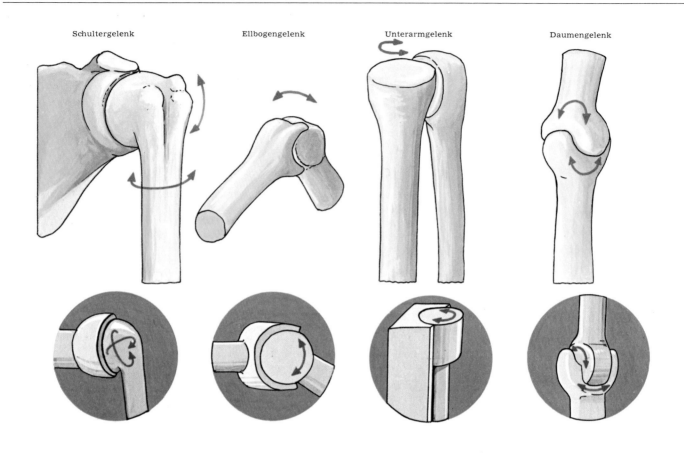

Schultergelenk Ellbogengelenk Unterarmgelenk Daumengelenk

Denk- und Arbeitsanregungen

1. Versuche durch Abtasten am Kniegelenk herauszufinden, wo die abgebildeten Teile (Bild der S. 19) liegen!

2. Stelle in Partnerübungen fest, an welchen Körperteilen sich Gelenke befinden!

3. Berichte, welche Gelenkarten zusammenwirken, wenn du mit der Hand einen Ball wirfst!

4. Bestimme die oben abgebildeten Gelenkarten!

5. Sammle Tiergelenke und bestimme die Teile bzw. Gelenkarten!

6. Wo findest du Gelenknachbildungen im Bereich der Technik? Suche Bilder in Zeitschriften u. a. und stelle eine Schautafel zusammen! Vergiß nicht auf die Beschriftung!

■ **Diese Begriffe kennen wir jetzt**

Gelenkkapsel – Gelenkknorpel – Gelenkschmiere – Gelenkkopf – Gelenkpfanne,
Dreh-, Kugel-, Scharnier-, Sattel- und Mischgelenk

Wir wissen

▶ welche Aufgaben den Gelenken im Bewegungssystem zukommen,

▶ wie ein Gelenk aufgebaut ist,

▶ welche Hauptgelenkarten unterschieden werden können und wo wir diese im Körper vorfinden.

Der Aufbau eines Knochens

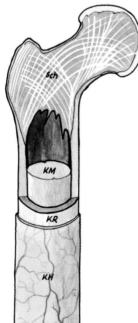

Querschnitt durch einen Röhrenknochen
Sch = Schwammgewebe mit Zug- und Drucklinien
KM = Knochenmark
KR = Knochenrinde
KH = Knochenhaut mit Blutgefäßen

Knochen leben!

Hauptsächlich bis zum 20. Lebensjahr wächst der Mensch, und so lange wachsen auch die Knochen; sie sind also kein toter Stoff. Eine feste Haut, die sogenannte Knochenhaut, überzieht die Knochen. In ihr verlaufen zahlreiche Blutgefäße, die mit ihren Verzweigungen den Knochen durchdringen. Der Schmerz, den man bei einem Stoß auf das Schienbein empfindet, beweist, daß die Knochenhaut auch mit zahlreichen Nerven durchzogen ist.

Das eigentliche Knochengewebe besteht aus zahlreichen Knochenzellen, die durch feinverästelte Ausläufer miteinander verbunden sind. Wie ein Glühversuch zeigt, bleibt nach dem Verbrennen der organischen Bestandteile die Knochenasche zurück, die vorwiegend aus Kalk besteht. Der Knochen eines erwachsenen Menschen besteht etwa zu $60^0/_0$ aus Kalk.

Das Salzsäurebad löst aus dem Knochen die anorganischen Bestandteile (Kalk u. a.) auf. Zurück bleibt eine faserige, elastische Masse. Aus den Wiegeergebnissen vor und nach den Versuchen läßt sich erkennen, daß bei den jungen Knochen die organischen Bestandteile überwiegen, während bei älteren der Kalk der Hauptbaustein ist. Beim Kleinkind überwiegt also das Knorpelgewebe gegenüber dem Knochengewebe. Der Verknöcherungsvorgang, d. h. der Umbau von anorganischen Substanzen, wobei vor allem Salze eingelagert werden, nimmt bis zum 20. Lebensjahr zu und danach bleiben die Knochen viele Jahre konstant. Während des ganzen Lebens finden in den Knochen Um- und Abbauvorgänge statt. Überwiegt in der Jugend der Aufbau, so nimmt im Alter der Abbau zu. Dadurch werden alle Knochen spröder. Sie brechen nun leichter.

Denk- und Arbeitsanregungen

1. Beachte den Bau des Knochens und den Verlauf der Knochenbälkchen im oberen Teil des Knochens! An was erinnern dich die eigenartigen Verstrebungen?
2. Ein Kleinkind überstand einen Sturz aus dem Fenster des 1. Stocks ohne größere Schädigung. Hat das evtl. etwas mit seinem Knochenbau zu tun?
3. Überlege, welche Knochen beim Gewichtheber besonders beansprucht werden!

Ein gefürchtetes Krankheitsbild!

Bilder, ähnlich wie dieses, können in den sogenannten Entwicklungsländern noch häufig aufgenommen werden.

Verbiegung der Beine, auffallendes Schwitzen am Hinterkopf, verbunden mit Haarausfall, häßliche Verformung des Kopfes, knotenförmige Verdickungen an der Knochen-Knorpelgrenze der Rippen („rachitischer Rosenkranz"), Verdickungen oberhalb der Hand- und Fußgelenke, Verkrümmung der Wirbelsäule, verspäteter Zahndurchbruch, das sind wichtige Kennzeichen einer Erkrankung, die vor gar nicht allzulanger Zeit auch in Europa viele Säuglinge und Kleinkinder hatten und die nicht selten tödlich verlief.

Lange Zeit fand man keine Erklärung für diese merkwürdige Krankheit. Erst als man genaue Kenntnisse über die Lebensvorgänge im Knochen hatte, konnte man dagegen einschreiten. Man nennt diese Krankheit Rachitis oder Englische Krankheit. Welches sind die Ursachen?

Für den Einbau des Kalkes im Knochen ist vorwiegend das Vitamin D verantwortlich. Mangelt es Kleinkindern an richtiger Ernährung und ausreichendem Sonnenlicht, so wird nicht genügend Kalk in die Knochen eingelagert. Die Knochen dieser Kinder haben zu wenig Stabilität, sie bleiben weich und verkrümmen sich.

Heute werden Säuglinge, bei Erkrankungen auch Kinder und Erwachsene, durch künstliche Zuführung von Vitamin D geschützt bzw. behandelt.

Denk- und Arbeitsanregungen

1. Lege den durch Auskochen in Sodalösung entfetteten Knochen eines Kalbes und einer Kuh (gleiche Knochenteile) 24 Stunden in verdünnte Salzsäure und spüle sie danach tüchtig ab! Vergleiche an beiden Knochen den Gewichtsverlust!
2. Wiege ebenfalls zwei gleiche Knochenteile von einem Kalb und einer Kuh und glühe diese über einer starken Flamme aus, bis sie weiß werden! Wiege die Überreste und schreibe die Ergebnisse auf!
3. Säge den Mittelfußknochen oder einen Unterschenkelknochen eines Tieres (Rind) der Länge nach durch und reinige die Schnittfläche sorgfältig mit Wasser! Betrachte mit einer Lupe den Aufbau des Knochens!
4. In den sog. Entwicklungsländern ist die Englische Krankheit auch heute noch nicht ausgerottet. Erkunde selbständig die Gründe!

> Beim Umgang mit Feuer und verdünnten Säuren alle erforderlichen Vorsichtsmaßnahmen beachten!

■ Diese Begriffe kennen wir jetzt

Knochenhaut – Knochengewebe – Knochenzellen – Knorpel – Knochenasche – Verknöcherungsvorgang – Knochenerde – Rachitis, (Englische Krankheit)

Wir wissen

► aus welchen Bestandteilen Knochen bestehen,
► weshalb mit zunehmendem Alter die Knochen spröder und brüchiger werden,
► was man unter Verknöcherungsvorgang versteht,
► welche Bedeutung Knochenerde und Knorpelmasse haben,
► was man unter Rachitis versteht und welche Ursachen zu ihrer Entstehung führen.

Hier droht Gefahr!

Knochenbrüche

Durch Gewalteinwirkungen, z. B. bei Sturz oder Stoß, kann ein Knochenbruch entstehen. Man erkennt ihn meist an der Formveränderung des verletzten Gliedes oder an seiner widernatürlichen Beweglichkeit an der Bruchstelle. Auch klagt der Verletzte über heftige Schmerzen an der betroffenen Stelle. Aber erst das Röntgenbild gibt volle Klarheit. Zur Heilung ist mitunter eine Behandlung im Krankenhaus erforderlich. Der Arzt bringt den Knochen wieder in die richtige Lage und stellt ihn ruhig. Das übrige erledigt der Körper selbst. Von der Knochenhaut aus bildet sich eine weiche Masse von Zellen und diese verbindet die Bruchränder miteinander. Man spricht hier von der Kallusbildung. Über das Blut wird Kalk eingelagert, bis die neue Zellmasse verknöchert ist.

Dieser Heilungsprozeß geht bei Kindern mitunter in einigen Wochen vor sich, während er sich bei älteren Leuten manchmal über Monate hinziehen kann. Der Gipsverband sorgt während des Heilungsprozesses für Ruhe und richtige Lage. Wenn die Sehnen und Muskeln nach einem Knochenbruch die Bruchstellen übereinanderziehen, ist die Anlage eines Streckverbandes nötig. In früheren Jahren erkannte man diese Notwendigkeit oft nicht, und so geschah es häufig, daß Leute nach einem Knochenbruch ein kürzeres Bein behielten.

Gelenkschädigungen

Schlechte Sitzhaltung, Tragen schwerer Taschen im Kindesalter und anderes führen häufig zu Gelenkschädigungen. Bei falschen Bewegungsabläufen, Fehltritten und bei Gewalteinwirkungen können auch die Gelenke verrenkt oder verstaucht werden. Bei einer Verstauchung werden durch Stoß oder Überdehnung die Gelenkkapsel oder die Gelenkbänder überbeansprucht. Hierbei kann es zu Verletzungen der Bänder oder der Gelenkkapsel kommen. Solche Verletzungen sind sehr schmerzhaft, meist schwellen die Gelenke an. Durch Bandagierungen und Ruhigstellen wird die Heilung gefördert. Bei einer Verrenkung dagegen springt der Gelenkkopf aus der Gelenkpfanne. Bei jeder Art von Verrenkung ist eine ärztliche Behandlung erforderlich, denn nur der Arzt vermag die Gelenkteile wieder einzurenken.

Denk- und Arbeitsanregungen

1. Überlege, welche Gefahren den beiden Jugendlichen, die auf dieser Seite abgebildet sind, drohen!
2. Warum besteht für den Autofahrer nun die sog. „Anschnallpflicht"?

Das sind die Folgen:

Bei Kindern und Jugendlichen wächst die Wirbelsäule noch. Sie ist während der Wachstumszeit besonders anfällig gegenüber Verkrümmungen. Durch eine dauernde schlechte Körperhaltung kann es zu Verformungen kommen, wie sie hier abgebildet sind.

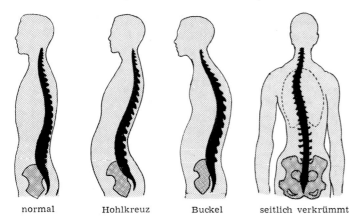

normal   Hohlkreuz   Buckel   seitlich verkrümmt

Denk- und Arbeitsanregungen

1. Besonders gefährlich sind Stürze von Moped- bzw. Motorradfahrern. Erkundige dich, welche Schutzkleidung vorgeschrieben ist!
2. Stellt gemeinsam eine Liste mit Merksätzen zusammen, in der auf richtiges Sitzen, Gehen u. a. eingegangen wird!
3. Überlege, welche Soforthilfe man bei einem Knochenbruch leisten kann!

■ **Diese Begriffe kennen wir jetzt**

Knochenbruch – Kallus – Streckverband – Verstauchung – Verrenkung – Hohlkreuz – Buckel

Wir wissen

▶ wie man schwere Knochenbrüche erkennen kann,
▶ worauf es bei der Behandlung ankommt,
▶ welche häufigen Gelenkschädigungen auftreten können.

Der „Bomber" zieht los!

Wie wird dieser Kraftschuß möglich?

Es müssen viele Körperteile zusammenwirken, bis der Torschuß des Fußballspielers erfolgt. Mit seinen Augen sieht der Spieler den Ball. Das Gehirn registriert und erteilt „Befehle". Nun setzen in rascher Folge eine Reihe von Bewegungen ein. Hierbei müssen Knochen und Gelenke, Muskeln und Sehnen zusammenwirken.

Die durch Gelenke verbundenen Knochen sind zwar vielseitig beweglich, doch können sie von sich aus keine Körperbewegungen ausführen. Diese Schwerarbeit leisten die Skelettmuskeln.

Beim Abschuß des Balles werden in der Hauptsache zwei Muskelgruppen beansprucht: der *Beugemuskel* und der *Streckmuskel*. Sobald sich der Beugemuskel im Oberschenkel des Spielers verkürzt, wird der Unterschenkel nach hinten gezogen, der Streckmuskel wird dabei gedehnt. Beim Abschuß, wie auf unserem Bild, erfolgt der umgekehrte Vorgang: Der Streckmuskel des Oberschenkels zieht sich zusammen, das Bein wird blitzschnell nach vorne gerissen; dabei wird der Beugemuskel gedehnt.

Der arbeitende Muskel verkürzt sich und wird dicker, gleichzeitig wird der Gegenmuskel wieder in seine ursprüngliche Stellung gebracht, von der aus er wieder Kraft entfalten kann. Beuger und Strecker wirken also sinnvoll zusammen. Sämtliche Skelettmuskeln erhalten ihre Aufträge durch die Nerven, die vom Gehirn bzw. vom Rückenmark ausgehen. Diese Erregungsstöße bewirken die Verkürzung. Sie folgen sehr rasch hintereinander, so daß eine andauernde Kraftleistung möglich ist. Dabei wird viel Energie verbraucht. Bei länger anhaltenden Anstrengungen tritt eine Ermüdung der Muskeln ein.

Da diese Muskeln dem Willen unterworfen sind, werden sie auch als willkürliche Muskeln bezeichnet.

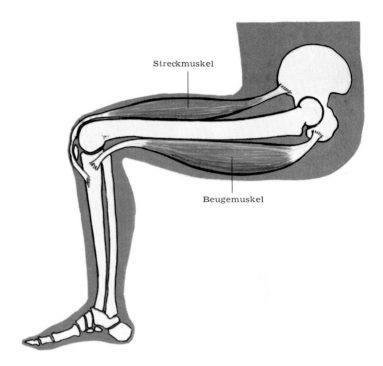

Wir untersuchen den Bau des Muskels

Wenn man ein Stück gekochtes Rindfleisch in einzelne Fasern zerlegt, kann man mit der Lupe beobachten, daß ein Muskel aus einzelnen Muskelbündeln besteht, die meist lang und spindelförmig sind. Jedes Bündel besteht wiederum aus einer Vielzahl einzelner Muskelfasern. Eine einzelne Faser ist knapp $\frac{1}{10}$ Millimeter dick und oftmals mehrere Zentimeter lang. Es sind sehr langgestreckte Zellen, die eine Vielzahl von Zellkernen enthalten. Im Innern sind eine Anzahl längsgerichteter Plasmastränge, die man Fibrillen nennt.

Weil diese das Licht unterschiedlich brechen, treten helle und dunkle Streifen auf. Man nennt diese Muskeln quergestreifte Muskeln.

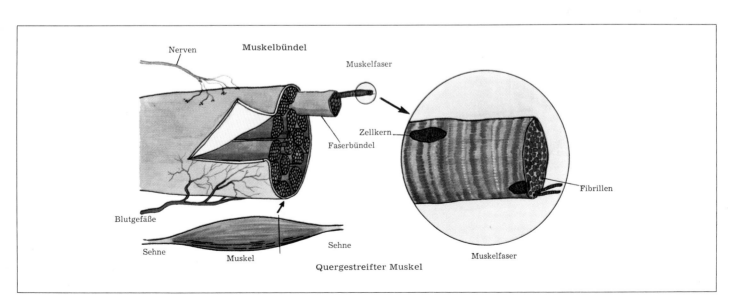

Ein feines Häutchen umgibt jede Muskelfaser. Es ist ein Bindegewebe, das das Faserbündel umkleidet. Mehrere Faserbündel werden von einer festen Bindegewebehülle zu einem Muskel zusammengefaßt. Muskeln sind in der Mitte besonders kräftig, während sie an den Enden dünner werden und in Sehnen übergehen. Die Sehnen verlaufen bis zu den Knochen und sind dort mit der Knochenhaut verwachsen. Die Versorgung der Muskeln erfolgt über zahlreiche feinste Blutäderchen, die auch die Abfallprodukte wegtransportieren. Auch eine Vielzahl kleinster Nervenfädchen durchwachsen die Muskelbündel.

Denk- und Arbeitsanregungen

1. Zerlege ein Stück gekochtes Rindfleisch in einzelne Fasern und untersuche eine derartige Muskelfaser mit der Lupe!
2. Beuge deinen Unterarm und miß mit einem Maßband den Umfang deines Oberarmmuskels (Bizeps)!
3. Durch mehrmaliges Beugen und Strecken des Unterarmes kann das Zusammenspiel des Beugemuskels (Bizeps) und des Streckmuskels (Trizeps) genau beobachtet werden!

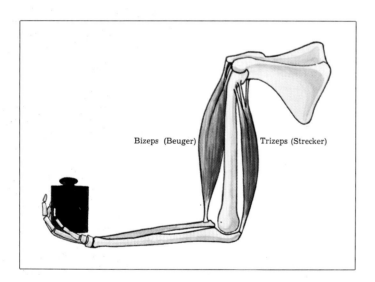

Bizeps (Beuger)   Trizeps (Strecker)

4. Übe am Turngerät und zähle, wieviel Klimmzüge du hintereinander fertigbringst! Warum gelingt zu Anfang die schnellere Ausführung?
5. Taste an deinem Körper und suche nach entsprechenden Muskelpaaren!

6. Zu den stärkeren Muskeln gehören die Kaumuskeln. Kaue einen zähen Gegenstand und beobachte im Spiegel, wie die Muskelarbeit vor sich geht!
7. Bestimme an einer Schautafel die wichtigsten Skelettmuskeln und schreibe über ihre Aufgaben und Funktionen einen Kurzbericht!

■ **Diese Begriffe kennen wir jetzt**

Skelettmuskeln – Beugemuskel – Streckmuskel – willkürliche Muskeln – Muskelfasern – Fibrillen

Wir wissen

▶ wie Knochen, Gelenke, Sehnen und Muskeln bei der Bewegung sinnvoll zusammenwirken,
▶ wie bei den Skelettmuskeln Beuger und Strecker zusammenarbeiten,
▶ wie ein quergestreifter Muskel aufgebaut ist,
▶ weshalb man die Skelettmuskeln willkürliche Muskeln nennt.

Die Haut, ein Schutzorgan?

Jung und hübsch

Ein Antlitz, das Ehrfurcht einflößt

Eine straffe, gebräunte und jugendlich aussehende Haut ist der Wunsch vieler Menschen. Durch Pflege läßt sich viel erreichen.

Die Haut, genauer betrachtet

Die Haut bedeckt den ganzen Körper. Beim erwachsenen Menschen hat sie eine Fläche von etwa 2 m². Ihre Dicke schwankt sehr stark und das Gewicht entspricht etwa $\frac{1}{6}$ des Körpergewichts.

Im mikroskopischen Bild kann man drei Schichten feststellen: Oberhaut (mit Horn- und Keimschicht), Lederhaut und Unterhautfettgewebe.

Die Oberhaut ist kaum durchblutet. Sie setzt sich aus Horn- und Keimschicht zusammen. Die Hornschicht bildet den Abschluß nach außen. Ihre Zellen sind abgestorben, verhornt und daher sehr widerstandsfähig. Täglich werden solche Zellen abgestoßen. Diese werden durch die Keimschicht ergänzt. In ihr sind auch Farbstoffe, die Pigmentkörperchen, eingelagert. Die durch Zellteilung neu gebildeten Zellen zusammen mit den Pigmentkörperchen sterben nach etwa drei Monaten ab und bilden neues Horngewebe. Die größere oder geringere Anzahl von Pigmentkörperchen bestimmt die Hautfarbe, den helleren und dunkleren „Teint".

Die Lederhaut enthält Blut- und Lymphgefäße, Talg- und Schweißdrüsen, Hautsinneszellen und Nervenzellen. Sie besteht insgesamt aus Bindegewebe. Ihren Namen hat sie, weil man tierische Häute zu Leder verarbeiten kann. Die Lederhaut ist stark durchblutet. Nicht zuletzt finden wir, in diese Hautschicht eingesenkt, die Haarbälge, in denen die einzelnen Körperhaare stecken.

Das Unterhautfettgewebe verbindet die Haut mit den Muskeln. Es enthält zahlreiche Zellen, in denen Fett eingelagert ist. Man nennt sie deshalb auch Fettzellen.

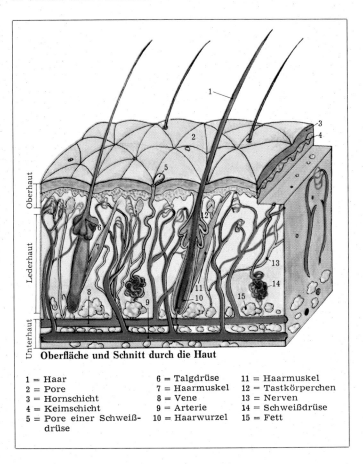
Oberfläche und Schnitt durch die Haut

1 = Haar	6 = Talgdrüse	11 = Haarmuskel
2 = Pore	7 = Haarmuskel	12 = Tastkörperchen
3 = Hornschicht	8 = Vene	13 = Nerven
4 = Keimschicht	9 = Arterie	14 = Schweißdrüse
5 = Pore einer Schweiß-	10 = Haarwurzel	15 = Fett
drüse		

Denk- und Arbeitsanregungen

1. Erhitze auf einem Blechbehälter abgeschabte Haut (Schuppen), Haare und Fingernägel! Vergleiche die Geruchsbildung und folgere auf die Zusammensetzung!

2. Betrachte Schuppen mit der Lupe und versuche die Beobachtungen aufzuzeichnen!

3. Vergleiche deine Fingerabdrücke (Stempelkissen) mit denen anderer Mitschüler! Betrachte mit der Lupe und untersuche, zu welchem Grundmuster dein Fingerabdruck gehört!

Bogen   Schleife   Wirbel   komplizierter Wirbel

■ **Diese Begriffe kennen wir jetzt**

Oberhaut – Lederhaut – Unterhautfettgewebe – Hornschicht – verhornte Zellen – Pigmentkörperchen – Haarbälge

Wir wissen

▶ aus welchen Schichten die Haut besteht,
▶ welche Bestandteile für die Hautfarbe verantwortlich sind,
▶ welche wichtigen Bestandteile die Lederhaut enthält,
▶ wo Körperfett eingelagert werden kann.

Die Haut schützt unseren Körper

Wir Menschen gehören zu den Lebewesen, die eine stets gleichwarme Körpertemperatur aufweisen. Sie beträgt beim gesunden Menschen zwischen 36 und 37° C.
Steigt die Körpertemperatur auf 41° C an, so besteht Lebensgefahr. Die gleichbleibende Körpertemperatur muß auch vorhanden sein, wenn es im Winter minus 30° C oder im Hochsommer plus 35° C hat. Die Haut erfüllt hierbei eine wichtige Aufgabe.
Bei niedriger Außentemperatur verengen sich die Blutgefäße; die Schweißporen schließen sich. Dabei bekommen wir die sogenannte „Gänsehaut"; damit wird eine zu starke Wärmeabgabe aus dem Körper vermieden. Gleichzeitig alarmieren die Nervenzellen den Körper, daß er die innere Verbrennung zu steigern hat. Das Muskelzittern erzeugt zusätzlich Wärme.
Bei hoher Außentemperatur öffnen sich die Blutgefäße weit, um überschüssige Körperwärme abgeben zu können. Außerdem scheiden die unzähligen Schweißdrüsen in der Oberhaut eine salzhaltige Flüssigkeit aus. Sie verdunstet und dabei wird zusätzlich Wärme verbraucht.

Wassertemperatur und Überlebenszeit:

30° C etwa 3–5 Tage
22° C etwa 1 Tag
15° C etwa 6 Stunden
10° C etwa 4 Stunden
 0° C etwa $\frac{1}{4}$ Stunde

Jetzt ist „gut aushalten"!

Das halten nur wenige Menschen aus!

Wenn über ein Drittel der Körperhaut zerstört ist (Verbrennung, Verätzung u. ä.), bedeutet dies für den Menschen Lebensgefahr, auch wenn sonst alle Organe intakt sind. Wir können also feststellen, daß die Haut eine Schutzhülle des Menschen ist. Die darunterliegenden empfindlichen Körperteile und -organe bleiben durch sie vor Schädigung bewahrt.

Darüber hinaus „fängt" die Haut auch viele schädliche Keime ab, die sonst im Körper ihr Zerstörungswerk verrichten würden.

Sie kann das, weil sie ständig durch Talgdrüsen eingefettet wird und somit Wasser und andere Flüssigkeiten, aber auch Bakterien abstößt. Sie ist zudem ein echtes Filterorgan. Luft und Licht läßt sie hindurch. Allerdings vermag sie sich vor zu starker Sonnenbestrahlung zu schützen.

Wie fest die Haut und wie dehnbar zugleich sie ist, kannst du daran erkennen, was einzelne Menschen (Sportler, Artisten, Boxer) ihr zumuten.

Denk- und Arbeitsanregungen

1. Versuche herauszufinden, wie sich die Haut bei den Situationen verhält, wie sie die Abbildungen der S. 28 zeigen (Sommerhitze – Winterkälte)!

2. Überlege, welche Bedeutung die dunklere Hautfärbung im Hochsommer hat!

3. Jetzt kannst du vielleicht auch erklären, weshalb Neger ursprünglich nur in den heißen Klimazonen unserer Erde lebten (natürlicher Lebensraum)!

■ **Diese Begriffe kennen wir jetzt**

Schweißporen – Gänsehaut – Muskelzittern – Talgdrüsen

Wir wissen

► wie die Haut beschaffen ist, damit sie die Körpertemperatur regeln kann,
► was man unter „Gänsehaut" und „Muskelzittern" versteht und welche Bedeutung diese Erscheinungen haben,
► welche Aufgabe Schweißdrüsen haben,
► wie die Haut den Körper vor eindringenden Bakterien und Krankheitskeimen schützt.

Die Haut ist ein Ausscheidungsorgan

Schweiß kann als verdünnter Harn angesprochen werden. Er enthält fast alle Bestandteile, die sich auch im Urin finden. Allerdings ist der Geruch anders, weil mit dem Schweiß auch Fettsäuren abgegeben werden, die sich in der Luft zersetzen. Jedoch leisten die Nieren die meiste Arbeit, um überflüssige und schädliche Stoffe aus dem Körper zu schaffen. Mit allem aber würden sie nicht fertig. Und so „schwitzen" wir Kochsalz, Harnstoff u. a. aus. Es ist nicht wenig! So wurde errechnet, daß z. B. ein Weißer, der in den Tropen lebt, täglich 10–15 Liter Schweiß „produziert", wenn er sich lange Zeit im Freien aufhält. Allerdings hängt dies nicht nur von der Außentemperatur allein ab. Ein dicker Mensch hat einen völlig anderen „Schweißhaushalt" als ein magerer. So entdeckte ein Forscher, daß von zwei Personen, die eine gleiche Wegstrecke gehen mußten, der Dicke eine Schweißabsonderung von 2575 g und der Magere von nur 953 g hatte. Auch bei Normaltemperatur scheidet der Mensch Schweiß aus. Wenn du deine Hand in ein Einweckglas hältst und man dir als Verschluß ein Tuch um den Arm wickelt, wirst du sehr bald erkennen können, in welcher Form jetzt die Ausscheidung vor sich geht.

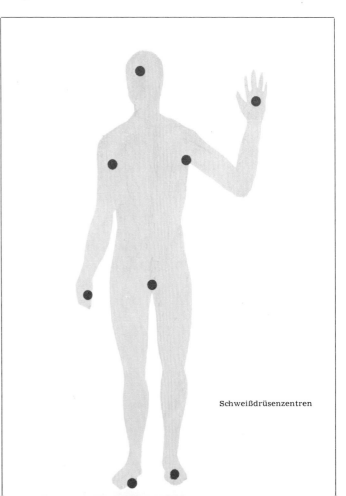

Schweißdrüsenzentren

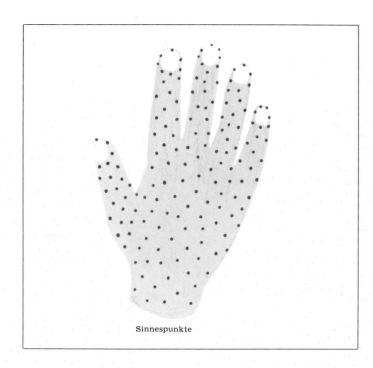

Sinnespunkte

In der Haut wird das wichtige Vitamin D gebildet

Früher erkrankten viele Kinder an der sogenannten „Englischen Krankheit", der Rachitis. Heute wissen wir, daß diese Krankheit durch den Genuß von Butter, Eiern, Milch und dem Aufenthalt an der Sonne vermieden werden kann. Wir wissen auch, daß das wichtige Vitamin D, das diese Krankheit verhindert, in der Haut hergestellt wird, wenn wir sie der Sonne aussetzen (siehe S. 22!).

Denk- und Arbeitsanregungen

1. Stelle an deinem Körper die „Schweißzentren" fest und überlege Maßnahmen für die Körperpflege!
2. Nimm eine feine Nadel und taste mit ihrer Spitze den Handrücken ab! Unterscheide zwischen Berührungsreiz und Schmerz!
3. Nimm einen Eiszapfen (Eiswürfel) und streiche über den Handrücken! Kennzeichne die „Kältepunkte"!
4. Verfahre ebenso mit einer heißen Stricknadel! Was stellst du fest?

■ Diese Begriffe kennen wir jetzt

Schweißdrüsen – Schmerzpunkte – Schweißhaushalt – Wärmepunkte – Kältepunkte – Fettpolster – Vitamin D

Wir wissen

▶ was man unter „Wasserhaushalt" versteht,
▶ wo sich die Schweißdrüsenzentren befinden,
▶ weshalb man die Haut auch zu den Sinnesorganen zählt,
▶ welche Stoffe in der Haut gespeichert werden.

Die Haut ist ein Sinnesorgan

Dieses Mitwirken beim Aufrechterhalten einer gleichbleibenden Körpertemperatur wird durch ein vielfaches Zusammenspiel von Nerven und Muskeln erreicht, die sich in großer Anzahl in der Lederhaut befinden. Der Wärme- und Kältesinn, aber auch der Schmerz- und Tastsinn sind in ihr geborgen. So befinden sich in der Haut viele Druckpunkte (in der Fingerspitze sind es ca. 2000!), 20 Kältepunkte, 3 Wärmepunkte und über 600 Schmerzpunkte. Selbstverständlich ist an einzelnen Stellen ein Vielfaches der angegebenen Sinnespunkte vorhanden. So ist die temperaturempfindlichste Stelle des Körpers z. B. das Augenlid.

Die Haut ist ein Speicherorgan

Unter der Haut ist das Unterhautfettgewebe. Hier wird Fett gespeichert, das in „Notzeiten" zur Verfügung steht. Es verbindet aber auch die Haut mit den Muskeln und wirkt wie ein Polster gegen Stoß und Druck von außen. Außerdem ist ein Fettpolster eine gute Wärmeisolation. Der Fettvorrat der Haut beträgt mitunter über 10 kg! In den vielen Haargefäßen (feine Blutäderchen) der Haut fließt Blut. Auch größere Wassermengen können in der Haut gespeichert werden.

Hautpflege – aber wie?

Ein Brausebad erfrischt nicht nur!

Nagelpflege dient nicht nur der Schönheit!

Kosmetik allein ersetzt Hautpflege nicht!

Dies wäre täglich zu tun!

Der Schweiß, der täglich von der Haut abgesondert wird, enthält Abfallstoffe des Körpers. Schwitzen ist deshalb gesund. Bakterien auf der Haut zersetzen jedoch den Schweiß und dabei entsteht die übelriechende Buttersäure. Aus diesem Grunde sollte man sich täglich duschen oder zumindest gründlich waschen. Wenn man sich anschließend mit einem rauhen Badetuch richtig trocken reibt, sorgt man noch zusätzlich für eine gute Durchblutung der Haut.

Auch unter den Fingernägeln sammelt sich viel Schmutz an, der regelmäßig durch Bürsten und Ausputzen entfernt werden muß. Normale Haut wäscht man am besten mit einer Toilettenseife. Bei sehr trockener Haut sollte man mit Seife sehr sparsam sein, da sonst der Haut zu viel Fett entzogen wird; sie wird so noch spröder.

Fette Haut sollte vor allem am Abend gründlich mit Seife gesäubert werden, da sonst leicht Pusteln und Entzündungen aufkommen. Gegen Pickel und Mitesser kann der Arzt entsprechende Mittel und Behandlungen verordnen, die eine Heilung bewirken.

Daran sollte man auch noch denken!

Wöchentlich einmal bekommt der Haut ein Vollbad gut. Hinterher wird kalt geduscht und gut durchgebürstet. So bleibt die Haut schön und gesund. Auch die wöchentliche Pflege der Finger- und Fußnägel ist nicht zu vergessen (schneiden). Wer seine kranke Haut durch viel Creme und „Make-up" verdecken möchte, macht es eher noch schlimmer. Hier ist weniger meist besser angebracht.

Sehr schaden kann der Haut zu lange und ungewohnte Sonnenbestrahlung. Am Anfang sollte man mit wenigen Minuten „Sonnenbad" beginnen und allmählich bis zu 45 Minuten steigern. Wenn die Haut prickelt, ist es in der Regel schon zu spät (Sonnenbrand!). Dabei wird die Haut zerstört, sie löst sich später wie bei einer Verbrennung in Fetzen ab.

Während der Pubertät (Geschlechtsreife) scheiden die Talgdrüsen besonders viel Fett aus. Dieses kann durch Pfropfen die Ausgänge verstopfen. Da sich die Poren stark erweitern, können Bakterien eindringen. Deshalb kommt es in dieser Zeit häufig zur Bildung von

31

Pickeln. Diese Erscheinung nennt man Akne. In dieser Zeit ist es besonders wichtig, sich häufig und gründlich zu waschen. Eine bloße Anwendung von Spray's ist hier wenig hilfreich.

Denk- und Arbeitsanregungen

1. Es gibt verschiedene Seifen und Waschmittel, die einen üblen Körpergeruch beseitigen. Erkundige dich in einer Drogerie!
2. Zur Körperhygiene gehört auch die tägliche Intimpflege. Dies bedeutet, daß die Geschlechtsorgane sorgfältig und auch häufig gewaschen werden müssen.
3. Stellt in einem Wochenplan heraus, welche Körperpflegemaßnahmen täglich anzusetzen sind!

■ **Diese Begriffe kennen wir jetzt**

Buttersäure – Pusteln – Pickel – Akne – Sonnenbad – Intimpflege

Wir wissen

▶ weshalb Schweiß einen unangenehmen Geruch verursacht,
▶ wie man für eine gute Durchblutung der Haut sorgen kann,
▶ wie man die verschiedenen Hauttypen pflegt,
▶ wie man Sonnenbrand vermeiden kann,
▶ was man unter Akne versteht,
▶ weshalb die tägliche Körperpflege besonders bei Heranwachsenden wichtig ist.

2. Wahrnehmungsarten und Verhaltensweisen

33

Stammen alle unsere Hunderassen vom Wolf ab?

Was wir über die Abstammung des Hundes wissen

Fachleute sagen uns, daß es gegenwärtig über 400 Hunderassen gibt. Diese Vielfalt hat ihren Grund, weil sich Menschen für
– die Jagd oder Hetze,
– das Bewachen der Wohnstätte,
– das Aufspüren eines Vermißten (oder eines Verbrechers),
– das Ziehen des Schlittens,
– das Führen eines Blinden,
– oder einfach aus dem Verlangen heraus, einen „Spielgefährten" zu haben, der „lieb" und „anhänglich" ist,
einen ganz bestimmten Hund nach und nach züchteten.

Jagdhunde, Wachhunde, Hunde, die man als Zugtiere beanspruchen kann, Spürhunde, aber auch die „lieben und netten" Schoßhündchen gab es also nicht von allem Anfang an. Es kam allerdings dem Menschen entgegen, daß das Erbgut des Hundes ungemein vielseitig ist und seinen Wünschen oder Ansprüchen genau entsprach.

Dieses Erbgut aber verweist auf den Vorfahren des Hundes, den Wolf.
– Wölfe leben in „Gemeinschaften", im Rudel.
– Wölfe ordnen sich willig einem oder mehreren Leittieren unter.
– Wölfe sind Lebewesen, die vielseitig dem „Leben auf dem Festland" angepaßt sind.
– Wölfe verfügen als sogenannte „Nasentiere" über die Fähigkeit, einer Wildspur zu folgen, dem Beutetier auf der Fährte zu bleiben und es dann gemeinsam so lange einzukreisen und zu hetzen, bis es erschöpft zusammenbricht und getötet werden kann.
– Wölfe sind Raubtiere, die über Angriffsmut, Ausdauer, Kraft, Wachsamkeit und über einen Körperbau verfügen, der die vorgenannten Eigenschaften günstig zur Wirkung bringt.

Dies alles erkannte der Mensch schon sehr früh. Er bemächtigte sich wohl nur in der ersten Zeit des Wolfes, um sein Fleisch zu verzehren. Dann aber zähmte er (vor gut 10 000 Jahren) Jungwölfe und nahm sie mit in seine Behausung oder Wohnhöhle. Der Zähmungsprozeß gelang natürlich nicht auf einmal, also in kurzer Zeit. Aus dem Wildtier wurde nach und nach ein halbwildes Tier und erst später ein Haustier. Wo erstmals ein Wolf mit in die Behausung (Höhle) des Menschen genommen wurde, wissen die Forscher nicht, da man sowohl in Mitteleuropa als auch in Asien und in Nordeuropa wolfs-

und hundeähnliche Knochen dort fand, wo die frühen Menschen wohnten bzw. lagerten.

Bereits in der Jungsteinzeit gab es dann schon vier oder mehr verschiedene Hunderassen. Die Hunde der ägyptischen Pharaonen (einige Jahrtausende vor unserer Zeitrechnung!) und der Fürsten Chinas aber ähnelten den jetzt bekannten Rassen. Windhund, Terrier, Spitz und Pekinese waren also schon damals „vorhanden".

Eines aber ist in den Jahrtausenden gleich geblieben: Haben sich Mensch und Hund aneinander gewöhnt, dann sind sie fast unzertrennlich. Selten ein Tier, das sich so an den Menschen bindet, wie der Hund.

Wolf

Der Wolf ist ein Rudeltier

34

1. Betrachte die Farbtafel „Hunderassen" auf der Seite 33! Erkunde die Namen und die Eigenschaften jeder einzelnen Rasse und schreibe darüber einen Bericht (stellt Stichworte für einen Bericht zusammen)!

2. Überlege, warum gerade der Hund zu einem der ersten Haustiere des Menschen wurde!

3. Stelle Ähnlichkeiten im Verhalten von Wolf und Hund heraus! Dies ist nur dann möglich, wenn du von deinem Lehrer die entsprechenden Nachschlagewerke bekommst.

4. Vergleiche das Bild des Wolfs mit dem Bild des Pekinesen oder eines anderen „Schoßhundes"! Begründe, warum diese Hunderassen in freier Wildbahn nicht mehr lebensfähig sind!

5. Durch die „Demutshaltung" zeigt der schwächere Wolf dem Leittier an, daß er sich unterwirft. Wer ist der „Leithund" deines Hundes?

■ **Diese Begriffe kennen wir jetzt**

Hundevorfahren – Hunderassen – Rudel – Leittier – Nasentier – Zähmung

Wir wissen

► welche Hunderassen auf Seite 33 abgebildet sind,
► aus welchen Gründen der Mensch nur bedingt als „Schöpfer" der über vierhundert Hunderassen zu bezeichnen ist,
► warum man heute sicher sagen kann, daß der Hund vom Wolf abstammt,
► was Wolf und Hund gemeinsam haben,
► was Wolf und Hund unterscheidet,
► warum sich der Hund dem Menschen anschließt und sich ihm in der Regel auch unterwirft.

Was zeichnet den Hund als „angepaßtes Festlandtier" so besonders aus?

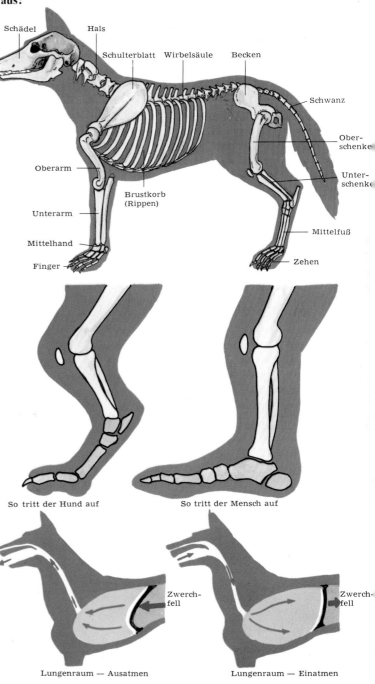

So tritt der Hund auf   So tritt der Mensch auf

Lungenraum — Ausatmen   Lungenraum — Einatmen

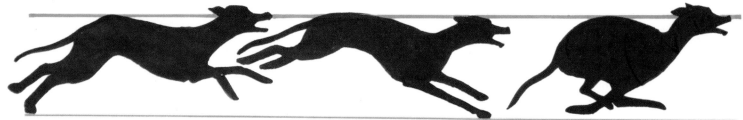

Laufbild eines Hundes

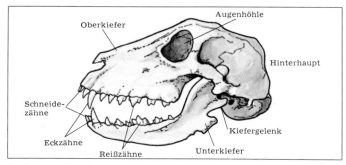

Schädel des Hundes

Das Äußere des Hundes, aber auch sein Skelett, lassen die drei Hauptabschnitte erkennen, die vielen Säugern, aber auch uns Menschen gegeben sind:
– den Kopf bzw. das Kopfskelett,
– den Rumpf bzw. das Rumpf- oder Körperskelett,
– die Gliedmaßen bzw. das Gliedmaßenskelett.

Die Wirbelsäule trägt den Schädel mit der Gehirnkapsel. An ihr entspringen die Rippen, die den großen Lungenraum umgeben. Die Vorder- und Hinterbeine sind am Schulter- und Beckengürtel eingelenkt. Die Wirbelsäule selbst endet in einem langen Schwanz, der aus vielen kleinen Wirbeln besteht.

Gestreckt, kräftig, mit verhornten Zehenballen ausgestattet, so sind die Gliedmaßen gebildet.

Die Schnauze ist (zumindest bei den Hunderassen, die dem Wolf noch am ähnlichsten sind!) langgestreckt. Das Gebiß weist den Hund klar als Raubtier aus. Er ergreift die Beute bzw. die Nahrung, die wir Menschen ihm geben, mit dem „Fang". Eck- und Reißzähne treten im Gebiß somit deutlich hervor.

Die Ohren sind weit geöffnet. Sie „spielen", d. h. sie können nach allen Seiten gedreht werden. Ebenso ist der Hals des Hundes sehr beweglich. Nicht so beweglich sind die Augen des Hundes. Das Beherrschende aber an seinem Kopf ist die Nase. Sie kann als „führendes" Sinnesorgan angesprochen werden. Die ganze Eigenart des

Hundelebens ist auf dieses Organ abgestimmt. Man sieht ihn oft mit der Nase in die Luft „schnuppern". Ebenso führt sie ihn, wenn er – den Kopf dicht am Boden haltend – einer Fährte nachgeht. Seine Augen kann er bei gesenktem Kopf nur wenig gebrauchen.

Die langen Beine, der schmale Körper, der unverhältnismäßig große Lungenraum weisen ihn als schnellen und ausdauernden Läufer aus. Die Hinterbeine ermöglichen hohe und weite Sprünge.

Es kommt hinzu, daß erst die Rippen- und die Zwerchfellatmung des Hundes das ausdauernde Laufen ermöglichen. So wird beim Einatmen der Lungenraum weit ausgedehnt (Bild der Seite 35), was die Aufnahme von großen Mengen Sauerstoff ermöglicht. Atmet der Hund aus, dann pressen Rippen und Zwerchfell die verbrauchte Luft schnell aus dem Körper.

Dadurch gelangen Blut, Sauerstoff und Nährstoffe rasch an die Muskeln, der hohe Energieverbrauch wird gedeckt.

Als Zehengänger braucht er beim Lauf nicht den gesamten Fuß (wie wir Menschen, die wir als Sohlengänger zu bezeichnen sind) am Boden abzurollen. Auch das ist ein Vorteil für schnelles Vorwärtskommen. Hier „nützt" auch die elastische Wirbelsäule, die sich jeder einzelnen Bewegungsstellung beim Lauf anpassen kann.

Schnelles und langanhaltendes Laufen, d. h. Hetzen eines Beutetieres, sind für den Wolf oder den ihm noch ähnlichen Hunderassen allerdings nur deshalb möglich, weil das Tier in seinem gesamten Körperbau als Festlandbewohner und als „Hetzjäger" vollendet angepaßt ist.

Betrachtet man die Unterschiede in der Größe des Lungenraumes von Hund und Katze, dann wird klar, daß erst durch das Zusammenwirken von Skelett, Muskelausstattung, Größe der Lunge und des Herzens, durch die weit geöffnete Schnauze, die beim Lauf genügend Sauerstoff aufnimmt, von einem Tier gesprochen werden kann, auf welches das Gesamturteil „angepaßt als Hetzjäger" anzuwenden ist.

Trotzdem verlassen sich Wolf und wildernde Hunde nicht allein auf sich selbst. Als Tiere der offenen Landschaft (der Steppe – der Tundra) jagen sie im Rudel, wobei das aufgenommene Beutetier zuerst aufgespürt und dann eingekreist wird. Dann erst beginnt die Hetze.

Katze   Dackel

Vergleich der Ausdehnung des Lungenraumes zweier etwa gleichgroßer Tiere

Auch hier kann man sagen, daß der Wolf, der insbesondere im Winter nach Beutetieren „suchen muß", in sehr guter Weise angepaßt ist.

Denk- und Arbeitsanregungen

1. Stelle heraus, inwieweit sich der Hund in seinem Skelett von einem anderen Säugetier (Katze, Rind) unterscheidet! Es genügt, nur auf die Hauptmerkmale einzugehen!
2. Das Bild der Seite 35 ermöglicht dir den Vergleich zwischen dem „Sohlengänger" Mensch und dem „Zehengänger" Hund. Begründe die Vorteile des Zehenganges im Hinblick auf die Laufeigenschaften des Hundes!
3. Es wird behauptet, erst durch das Zusammenspiel von Wirbelsäule, Größe des Brustraums, Form der Schnauze, Größe der Organe Herz und Lunge, Art der Atmung und durch die Gliedmaßenbildung und die Muskelgröße sei es möglich, daß ein Hund (oder der Wolf) ein schneller und ausdauernder Läufer, ein „Hetzjäger" sein kann. Stelle dies heraus, indem du zu jedem Teil einen Antwortsatz schreibst!
4. Der Wolf ist ein Rudeltier. Das hat seine Gründe. Überlege, warum er als Einzelgänger im Winter keine so gute Überlebenschance hätte!

■ Diese Begriffe kennen wir jetzt

– Kopf-, Rumpf- und Gliedmaßenskelett – Fang – „führendes" Sinnesorgan – Zehengänger – Hetzjäger – Anpassung

Wir wissen

▶ daß allein die Ausbildung der Wirbelsäule und die Form der Gliedmaßen den Hund (aber auch den Wolf) schon als Hetzjäger ausweisen,
▶ wie auch vom Körperbau aus zu begründen ist, daß der Hund vom Wolf abstammt,
▶ daß die Rudeljagd für einen Hetzjäger erfolgversprechender ist als die Einzeljagd.

Junge Hunde und junge Wölfe sind Nesthocker

Die Bilder der nächsten Seite scheinen sich zu gleichen. Junge Hunde und junge Wölfe werden als sog. „Nesthocker" geboren. Sie müssen, da sie bei ihrer Geburt nackt, blind und taub sind, gesäugt, versorgt, bewacht und gegen Kälte geschützt werden, bis sie nach und nach selbständig werden. Meist schlafen sie, eng an das Muttertier geschmiegt. Es dauert ungefähr 12 bis 15 Tage, bis Hunde- bzw. Wolfswelpen sehen können. Nach und nach entfernen sie sich dann vom Lager, um auf „Erkundungen" auszugehen. Sie werden jedoch vom Muttertier schleunigst zurückgeholt.

Im Zeitraum zwischen der vierten und der siebenten Woche genügt es ihnen nicht mehr, gefüttert, abgeleckt und im Lager festgehalten zu werden. Sie fangen an, sich mit ihren Geschwistern, die den „Wurf" bilden (zumeist 2 bis 3 Wolfswelpen – 4 bis 6 Hundewelpen) herumzubalgen und lassen auch das Muttertier nicht in Ruhe. Hundewelpen werden in der Regel von den Menschen nach ca. 8 Wochen vom Muttertier gänzlich getrennt. Wolfsjunge dagegen sind über ein Vierteljahr von ihrer Mutter abhängig.

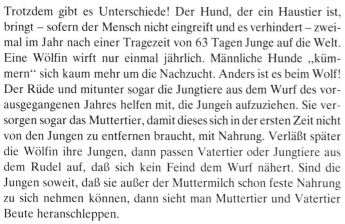

Trotzdem gibt es Unterschiede! Der Hund, der ein Haustier ist, bringt – sofern der Mensch nicht eingreift und es verhindert – zweimal im Jahr nach einer Tragezeit von 63 Tagen Junge auf die Welt. Eine Wölfin wirft nur einmal jährlich. Männliche Hunde „kümmern" sich kaum mehr um die Nachzucht. Anders ist es beim Wolf! Der Rüde und mitunter sogar die Jungtiere aus dem Wurf des vorausgegangenen Jahres helfen mit, die Jungen aufzuziehen. Sie versorgen sogar das Muttertier, damit dieses sich in der ersten Zeit nicht von den Jungen zu entfernen braucht, mit Nahrung. Verläßt später die Wölfin ihre Jungen, dann passen Vatertier oder Jungtiere aus dem Rudel auf, daß sich kein Feind dem Wurf nähert. Sind die Jungen soweit, daß sie außer der Muttermilch schon feste Nahrung zu sich nehmen können, dann sieht man Muttertier und Vatertier Beute heranschleppen.

Werden junge Hunde und Wölfe „erzogen"?

Wer Muttertiere und Jungtiere bei Wolf und Hund miteinander balgen sieht, der kann feststellen, daß sich der Nachwuchs fast alles „leisten" kann. Mit einer fast unverständlichen Geduld erträgt es die Wölfin, daß die Jungen sie beißen, sich im Fell festkrallen, sie an-

springen usw. Wir Menschen würden uns derartige Verhaltensweisen „verbieten". Werden also Jungwölfe und junge Hunde nicht „erzogen"?

Sie werden es! Ab der sechsten Woche lernen insbesondere Jungwölfe, sich in ein Rudel einzufügen. Sie sehen, wie sich schwächere Tiere dem Leitwolf oder der Leitwölfin unterordnen, stellen fest, daß es selbst nach dem Töten der Beute eine „feste Freßordnung" gibt, lernen die verschiedenen Lautäußerungen des Leittieres, seine Drohgesten u. a. kennen und verstehen und fügen sich bald – ohne Murren! – in das Rudel ein.

Ähnlich wäre es auch bei unserem Haustier Hund, wenn nicht der Mensch eingreifen würde. Nimmt er ein Junges zu früh aus dem Wurf und vom Muttertier weg, dann zeigt dieses Tier ähnliche Verhaltensweisen wie ein Kleinkind, dem die Mutter fehlt. Muß ein Junghund allein und ohne Hilfe des Menschen aufwachsen, dann ist er zeitlebens kein „richtiger" Hund. Er bedarf im Alter von 8 bis 16 Wochen, weil er ja nicht mehr im Rudel aufwächst, der Hilfestellung des Menschen. Deshalb bemühen sich Hundekenner gerade in dieser Zeit, einem Jungtier durch klare Anweisungen (Dressur) beizubringen, wie es sich im nun gegebenen „Rudel", das aus einem Hund und einem oder mehreren Menschen (Familienmitgliedern) besteht, zu verhalten hat. „Erziehung" muß also auch beim Hund sein!

Mensch und Hund stehen zueinander in einem besonderen Verhältnis

Das Bild zeigt, daß wir Menschen den Hund „gebrauchen". In diesem Falle fordert der Mensch dem Schäferhund Leistungen ab. Das dressierte Tier erbringt sie und nützt auf vielfältige Weise. Ein Hundekenner hütet sich allerdings, von seinem Begleiter etwas abzufordern, was gegen die Natur des Hundes ist. Er wird das Tier nicht mit Süßigkeiten füttern, ihm seinen täglichen Auslauf lassen (Hund ist ein Lauftier!), es nicht schlagen und jede Verzärtelung (Hund braucht keine Schuhe aus Stoff und keinen Mantel) vermeiden.

Ein überfütterter Schoßhund dagegen ist nur zu bedauern. Er darf nicht frei herumlaufen, wird sofort zurechtgewiesen, wenn er seine „Urinmarke", mit der er sein Revier abgrenzt, setzen möchte und erntet Schimpf, wenn er das Hinterteil eines Artgenossen beriecht. Sein „Frauchen" weiß nichts von seiner feinen Nase und von dem ihm eigenen Artverhalten. Ein solcher Zimmer- oder Schoßhund führt kein Hunde-, sondern ein Jammerleben.

Denk- und Arbeitsanregungen

1. Sprich zu den beiden Bildern der Seite 38! Wer hat Erlebnisse mitzuteilen?
2. Erkläre schriftlich oder mündlich den Begriff „Nesthocker" und führe auf, welche weiteren Tiere noch zu der Gruppe der „Nesthokker" zählen!
3. Begründe, warum Wolfsjunge und Hundejunge nicht „Nestflüchter" sein können!
4. Lies nach, warum eine Wölfin jährlich nur einmal Junge wirft, eine Hündin aber zweimal!
5. Die Fürsorge der Alttiere um den Wurf ist bei Wolf und Hund unterschiedlich. Auch das hat Gründe! Diskutiert darüber!
6. Stelle zusammen (im Buch sind Belege dafür!), was ein Jungwolf im Verlauf seines ersten halben Lebensjahres lernen muß! Kann man bei ihm und auch beim Hund von „Erziehung" sprechen?
7. Der Hund als Fleischfresser, Lauf- und Rudeltier stellt ganz bestimmte Ansprüche an den Menschen. Einige davon werden auf diesen Seiten angesprochen. Lies in einem guten Tierbuch mehr darüber nach, schreibe wichtige Fütterungs- und Pflegegrundsätze auf und erstelle mit der Gruppe oder Klasse eine Bild- und Texttafel mit der Überschrift: „Mein Hund, *richtig* gehalten!"
8. Nicht ohne Grund wurde in diesem Kapitel das Wort „Erziehung" immer mit den bekannten „Gänsefüßchen" versehen. Diskutiert darüber!

■ Diese Begriffe kennen wir jetzt

Nesthocker – Welpen – Rüde – Rudel – Freßordnung – Hundedressur

Wir wissen

▶ wie die Aufzucht von Wolfs- und Hundewelpen verläuft,
▶ welche Unterschiede es in der Versorgung und Betreuung der Jungtiere bei Hund und Wolf gibt,
▶ warum eine Wolfsfähe nicht so fruchtbar ist wie ein weiblicher Hund,
▶ aus welchen Gründen ein Jungwolf „erzogen" werden muß und zu lernen hat,
▶ warum der Junghund auf die Hilfe des Menschen angewiesen ist und im Alter von 6 bis 14 Wochen nicht – auch bei bester Verpflegung! – „seinem Schicksal" überlassen bleiben darf.

Ein- und dieselbe Landschaft – oder doch nicht?

Wer dieses Phantasiebild genau „lesen" kann, der wird zur Überschrift dieser Seite bestimmt eine Antwort parat haben. Obwohl es sich um den Ausschnitt aus ein- und derselben Landschaft handelt, nehmen die einzelnen Lebewesen mit Hilfe ihrer Sinne (Hören, Sehen, Riechen u. a.) stets nur einen mehr oder weniger geringen Teil von dem wahr, was tatsächlich zu sehen, zu hören, zu riechen usw. ist.

● Die Bienen zum Beispiel werden nur vom Geruch und der Farbe einer bestimmten Pflanzenart angelockt, die gerade in voller Blüte steht. Alles andere nehmen sie nicht wahr.

● Der Gelbrandkäfer hat – im Verhältnis zu seiner Körpergröße – sehr große Augen, dennoch wird er sein Beutetier keineswegs erspähen! Er riecht es und versucht, ihm nachzujagen. Was sich sonst im Wasser, auf der Erde und in der Luft abspielt, registriert er nicht.

● Für den Bussard ist in der Landschaft nur die Maus interessant, die er mit seinen scharfen Augen entdeckt hat. Er stürzt sich auf sie und läßt das Beutetier sicher nicht entkommen.

● Jäger und Jagdhund sind zwei zweifellos verschiedene Lebewesen. Dieses Mal aber werden sie vom gleichen Trieb beherrscht: Sie suchen nach einem Fuchs, der angeschossen irgendwo im Getreidefeld liegen muß. Während der Jäger aber mit Hilfe seines Verstandes zu vermuten sucht, wohin sich das Tier geschleppt haben könnte, hat sein Hund die Spur des Fuchses bereits gewittert. Seine hervorragend ausgestattete Nase (Geruchssinn) wird ihn zum Beutetier führen. Blumen und Gräser „sieht" er nicht.

● Schlange und Eidechse erschrecken nicht, weil in beträchtlicher Höhe über der Landschaft ein Düsenjäger mit ohrenbetäubendem Geheul seine Schleife zieht. Das Geräusch tut lediglich dem menschlichen Ohr weh. Beide Tiere „hören" es nicht. Die Eidechse flieht, weil sie ein für sie als gefährlich empfundenes Rascheln wahrgenommen hat. Die Schlange aber sieht das für sie „interessante" Beutetier und versucht, ihm nachzujagen.

● Ähnlich verhält sich auch die Katze, die dank ihres hochentwickelten Gehörsinns – ähnlich wie der Bussard! – die Maus anschleichen und ergreifen will und sich „unsichtbar" gemacht hat.

● Würde man die gleiche Landschaft zur Nachtzeit mit besonderen technischen Geräten filmen und abhören, dann könnten wir sehen und hören, daß zum Beispiel Fledermäuse nach Insekten jagen, die sie nicht sehen, aber dafür hören.

● Es wäre festzustellen, daß sich eine Eule auf ein Beutetier stürzt und es ergreift, das sie dank ihrer Augen auch nachts gesehen hat.

Welches Lebewesen aber sieht und hört alles?

Keines! Tiere und auch der Mensch haben die Fähigkeit, dank ihrer Organe bzw. eines besonders gut ausgebildeten Organs (Auge, Ohr, Nase) bestimmte Reizquellen zu erkennen und nach Abstand und Richtung genau auszumachen. Hier kommt dem Bussard das Auge, der Katze das Gehör, dem Gelbrandkäfer und dem Hund die Nase zupaß.
Und der Mensch? Auch er kann sehen, hören und riechen. Allerdings ist sein Geruchssinn gegenüber dem des Aals, der bestimmte Stoffe noch in einer Verdünnung von 1:3 Trillionen, das ist 1 ml aufgelöst in einen See geschüttet, der ca. sechzig Mal so groß ist wie unser Bodensee, ausmachen kann, geradezu kümmerlich zu nennen. Seine Augen sehen nur einen Bruchteil dessen, was ein Nachtgreifvogel bei Dunkelheit wahrnehmen kann. Fledermäuse hören Geräusche im Bereich des Ultraschalls, die wir nur dann feststellen kön-

nen, wenn man sie mit besonderen Geräten für unser Ohr erschließt. Demnach wären wir den Tieren hoffnungslos unterlegen!
Beruhigt können wir dies verneinen. Menschen haben den Verstand und die Fähigkeit, zu kombinieren, in einem weit anderen Maß als jedes noch so hochentwickelte Tier entwickelt. Zudem schufen und schaffen sie sich Hilfsgeräte, die ihre Organe unterstützen. Letztlich sind Menschen durch ihr Erbgut nicht so eng festgelegt, wie zum Beispiel die Biene, die nur auf bestimmte Gerüche und Farben hin „tätig wird" und alles andere, was in der Landschaft ist, weder sehen, noch hören, noch geistig verarbeiten und in einen Zusammenhang bringen kann. Und noch etwas: Kein Tier kann über sich selbst und sein Tun in der von uns gezeichneten Landschaft, die es in der Wirklichkeit geben kann, nachdenken. Das kann nur der Mensch!

Denk- und Arbeitsanregungen

1. Stelle heraus, zu welchen Sinnesleistungen, die einzelnen Tiere in besonderer Weise fähig sind, die auf der Bildtafel festgehalten werden! Lege eine Tabelle an, in die evtl. noch andere Tiere und ihre besonderen Fähigkeiten eingetragen werden!
2. Begründe mündlich, warum der Mensch allen tierischen Lebewesen im Aufnehmen von Reizen überlegen ist!
3. Gebe mit eigenen Worten wieder (schriftlich!), was der zweite Satz auf Seite 40 aussagt!
4. Können auch wir Menschen ein- und dieselbe Landschaft mit „verschiedenen" Augen ansehen? Denke hier an den Landwirt, den Künstler, den Techniker u. a.!

■ Diese Begriffe kennen wir jetzt

Sinne – Reizquelle – Sinnesleistung

Wir wissen

▶ was einzelne Tiere in besonderer Weise in einer Landschaft feststellen (registrieren),
▶ welchen Zusammenhang es zwischen dem besonders gut ausgestatteten Organ eines Lebewesens und seiner Art der Nahrungswahl gibt,
▶ ob die „feine Nase" des Hundes, das „gute Auge" des Bussards, das „hervorragende Gehör" der Katze dem jeweiligen Tier nur Vorteile oder – im Vergleich zum Menschen – auch Nachteile einbringt,
▶ warum der Mensch allen tierischen Lebewesen trotzdem überlegen ist.

Falbkatze

Menschen, die auf dem Lande zu Hause sind, erleben es in Frühjahrsnächten immer wieder: Plötzlich weckt sie das Schreien von Katzen. Ärgerlich ziehen die so Gestörten die Decke über den Kopf und schimpfen über das „sinnlose" Geschrei.

So urteilt der, der ein Tier nur oberflächlich kennt.

Weiß man dagegen, daß der Vorfahr unserer Katze häufig in Wäldern lebte (Wildkatzen leben dort auch heute noch!) und daß Katzen vorwiegend nachts „unterwegs" sind, dann wird klar, daß sich die Partner eben auf diese Weise „finden" konnten. Die weiblichen Tiere schreien, um auf sich aufmerksam zu machen und der Kater antwortet mit Heulen, um anzukündigen, daß er den „Ruf" nicht nur gehört, sondern auch verstanden hat. Schon sehr bald treffen sich die Tiere und es kommt zur Paarung.

So, wie man also die Katzenmusik als besonderes Verhalten, das seinen Sinn hat, erklären kann, so lassen sich andere Verhaltensweisen der Katze ebenso sicher als „sinnvoll" herausstellen.

Die Katze hat viel von ihrem ursprünglichen „Raubtierdasein" behalten.

Der Vorfahr unserer Hauskatze ist die ägyptische Falbkatze, die noch heute in den Gebirgen Mittelafrikas wild vorkommt. Der heute ebenfalls noch wildlebende nächste Katzenverwandte in Mitteleuropa ist die Wildkatze.

Wildkatzen

42

Wild lebende Kleinkatzen haben es nicht so leicht wie unsere Hauskatzen, um Nahrung zu bekommen. Sie müssen mitunter weite Gebiete durchstreifen, bis sie – dank ihres Gehörs, das besonders gut ausgebildet ist – ein Beutetier ausgemacht haben. Jetzt beginnt das auch bei unserer Hauskatze, die auf Mäusejagd ausgeht, immer gleich ablaufende Jagdverhalten: die Katze schleicht sich fast geräuschlos und tief geduckt an das Beutetier an. Ist sie ihm nahe genug

auch ergreift, vergeht eine ungleich längere Zeit. Oftmals nützt das noch so leise Anschleichen nichts, denn das Beutetier ist ja ebenfalls vorsichtig und aufmerksam. Nicht selten muß die Katze lange Zeit lauern, bis sie zum Sprung ansetzen kann. Dieser aber führt nicht immer zum Ziel, denn die Beute ist flink und kann gerade noch im letzten Augenblick entwischen. Wundert es, daß in einer Hauskatze

Katze beim Anschleichen und Ergreifen des Beutetieres

räuschlos und tief geduckt an das Beutetier an. Ist sie ihm nahe genug an den „Leib gerückt", dann lauert sie dem Tier auf, bis der geeignete Moment gekommen ist. Nun schnellt sich das Tier auf die Beute, die mit den scharfen Krallen der Vorderpfoten erfaßt und zugleich festgehalten wird. Ob Wildkatze oder Hauskatze, beide sind also „Schleichjäger".

In Wolf und Hund haben wir die ausgesprochenen „Hetzjäger" kennengelernt. Wer auf diese Weise seine Beute macht, kann im Rudel leben, muß sich dann aber auch unterordnen.

„Schleichjäger" aber müssen Einzelgänger sein und bleiben, wenn sie als Wildtiere ein Beutetier erhaschen wollen. Dieses Erbgut steckt unserer Hauskatze ebenfalls noch „im Blut". Sie schließt sich deshalb auch nur im geringen Maß an den Menschen an und wird daher oft zu Unrecht als „undankbar" und „wenig anhänglich" bezeichnet.

Warum hat die Katze von ihrem ursprünglichen Raubtierdasein noch mehr behalten als der Hund? Auch das läßt sich erklären, wenn man das Stichwort „Schleichjäger" genau unter die Lupe nimmt. Hetzjäger, die gemeinsam, d. h. im Rudel auf die Jagd gehen, haben sicherlich in freier Wildbahn die größere Chance, „schnell" ein Beutetier zu ergreifen, sich sattzufressen und dann dem Spieltrieb nachzugehen, der in höheren Tieren steckt.

Die Katze als Schleichjäger hat es da viel schwerer. Bis sie – einzeln jagend – ein Beutetier ausmacht, sich anschleicht, es anspringt und

ein noch größerer Tötungstrieb zu stecken scheint, als in einem Hund? Sie darf ja nicht zu früh aufgeben!

Denk- und Arbeitsanregungen

1. Stelle in einer Übersicht zusammen, wie sich Tiere (Hund, Pferd, Vögel) einander bemerkbar machen!
2. Begründe, warum Katzen mit einmal gefangenen Mäusen zuerst spielen, bevor sie diese töten!

Katzen haben ihre eigenen Reviere

In der Natur gibt es für Vögel, Hunde, Rehe und auch für Katzen unendlich viele, für uns Menschen „unsichtbare Zäune". Wir grenzen unser Grundstück mit Zäunen oder mit einer Mauer ab oder lassen als Eigentümer zumindest Grenzsteine setzen. Tiere, d. h. in unserem Fall Katzen, markieren auf ihre Art, wo sie „Herr im Haus" sind. Gerade weil sie Einzelgänger sind, achten sie streng darauf, daß niemand dem eigenen Revier zu nahe kommt. Durch Beträufeln mit Harn, aber auch durch starke Kratzspuren an Zäunen und Bäumen sichern sie die Reviergrenzen. Kater sind dabei echte „Streuner". Ihr Revier ist weit umfassender als jenes der weiblichen Tiere. Meist ist es so umfangreich wie zwei oder drei Reviere von Kätzinnen. Der Kater wird von ihnen im Eigenbereich auch dann geduldet, wenn nicht Paarungszeit ist. Begegnen sich die Tiere, dann vermeiden sie jedoch den zu engen Kontakt.

Der Katzenkörper und das Katzengesicht zeigen uns die jeweilige Stimmung des Tieres deutlich an

Alarmstufe 1!

Gespannt, bis zum Äußersten!

Wenn wir Menschen uns etwas Nettes sagen wollen, wenn wir schnell ein Gespräch beginnen oder einen Kontakt herstellen möchten, wenn wir mit jemanden in Streit geraten u. a., dann stehen uns genügend Wörter und Sätze zur Verfügung, um dem anderen verständlich zu machen, wie es einem „ums Herz ist". Katzen müssen sich anderer „Verständigungsmittel" bedienen.

Da ist einmal ihr Schnurren! Liegt die Katze entspannt auf ihrem Kissen, oder sitzt sie gar auf dem Schoß eines ihr bekannten Menschen und läßt sich das Schnurren hören, dann weiß man, daß sie mit sich und mit der Umwelt zufrieden ist! Man vermutet, daß sich Muttertier und Jungtiere auf diese Weise einst „erkannten".

Dies alles ändert sich, wenn die Katze Grund hat, sich bedroht zu fühlen oder von einem Menschen (von einem Kind!) über das erträgliche Maß hinaus geärgert wird. Jetzt werden die Ohren hoch aufgestellt, das Gesicht wird breiter, die Augen schmäler, die Schwanzspitze pendelt unruhig hin und her. Das ist eigentlich ein erstes Alarmzeichen und sollte auch als solches richtig verstanden werden. Kratzen oder zubeißen werden Katzen dann aber auch nicht sofort und ohne Übergang. Sie sind also nicht „falsch" und nur für jene Menschen „unberechenbar", die die Zeichensprache des Körpers nicht verstehen oder übersehen.

Man beachte den in der Erregung gebildeten Katzenbuckel, das nun noch stärker gesträubte Fell, den gebogenen oder mitunter hochgezogenen Schwanz! Zudem faucht das Tier laut und deutlich. Das alles läßt erkennen, daß es ihr ernst ist! Diese Haltung aber vergrößert auch scheinbar den Körper des Tieres. Je größer das Tier, um so mehr überlegt der Angreifer, ob er sich den Kampf leisten kann. Weicht der nun als „Feind" begriffene Mensch oder auch ein Tier (z. B. ein Hund) immer noch nicht zurück, dann erfolgt blitzschnell der Angriff. Die Katze springt dem Feind mit ungeheurer Heftigkeit jetzt häufig ins Gesicht. Sie kratzt und beißt dort, wo es am stärksten weh tut. Ein solcher Angriff führt meist dazu, daß man unwillkürlich erschrickt und Abwehrhaltung einnimmt. Ein Mensch schützt das Gesicht mit den Händen, ein Hund weicht zurück.

Das genügt der Katze. Schützt sie nicht gerade ihre Jungen, dann läßt sie vom Opfer sofort ab und flüchtet. Wenn irgend möglich, springt sie über einen Zaun oder klettert auf einen Baum. Ihr geht es also gar nicht darum, einen langen Kampf zu führen. Auch das sollte uns doch sagen, daß die Katze sich nur „wehrt". Sie ist kein „böser Angreifer", der „blutrünstig" sich gar ins Opfer verbeißt.

Denk- und Arbeitsanregungen

1. Berichte von Erlebnissen mit deiner Katze!
2. Überlege, ob und wie sich auch andere Tiere „größer machen", wenn sie einen Feind vertreiben wollen!
3. Das linke untere Bild zeigt ein ganz bestimmtes „Katzengesicht". Kannst du vermuten?
4. Bringt eine Katze mit in die Klasse und beobachtet sie beim Wittern von Nahrung, beim Reagieren auf ein für sie bedeutsames Geräusch, beim Abwehren zu großer Vertraulichkeiten u. a.! Schreibt oder sprecht über eure Erkenntnisse!

Was wäre, wenn sich die Katze nicht auf ihr besonders ausgebildetes Auge verlassen könnte?

Katzen – auch Wildkatzen – liegen tagsüber faul auf ihrem Ruheplatz. Bricht aber die Dämmerung herein, dann werden sie „lebendig". Unruhig bewegt sich die Hauskatze in der Wohnung, scharrt an der Tür und kann nicht schnell genug die Behausung verlassen. Hier wird ein Verhalten erkennbar, das in ihrem Erbgut verankert ist. Wir können uns ohne großes Nachdenken erklären, warum Katzen in der Dämmerung und nachts auf Beutefang gehen: Einmal liegt es daran, daß die Beutetiere selbst (zum Beispiel Mäuse!) sich ebenfalls erst im Schutz der Dunkelheit aus ihren Erdverstecken herauswagen und auf Nahrungssuche gehen. Zum anderen „nützt" ein Schleichjäger die Dunkelheit für seine Zwecke aus. Auch er wird vom Beutetier nicht gesehen!

Für die Jagd in der Dämmerung und bei Nacht muß die Katze zweckentsprechend „ausgestattet" sein. So braucht sie Augen, die für das Sehen bei Nacht gut geeignet sind. Tagsüber verengen sich die im Verhältnis zur Kopfgröße der Katzen sehr großen Augen in den Pupillen zu einem schmalen Schlitz. Wir wissen außerdem, daß Katzen – wenn überhaupt! – Farben nur schlecht erkennen können. Die Netzhaut des Katzenauges enthält jedoch mehr Sehzellen als die des Menschen und ist im Vergleich zu der Gesamtfläche der Netzhaut unseres Auges größer. Zudem können sich bei Dunkelheit die Pupillen stark öffnen. Sie sind dann kreisrund und füllen fast den gesamten Augapfel aus. Dies ermöglicht die Aufnahme und Verarbeitung noch so schwacher Lichtreize. Und noch etwas erhöht ihr „Sehen bei Nacht". Im Auge der Katze befinden sich hinter der Netzhaut winzige Kristalle, die einfallendes Licht sofort zurückwerfen. Wir sprechen, weil wir dieses Aufleuchten nachts bemerken, vom „Katzenauge". Vorteil: Die Sehzellen im Katzenauge werden durch das Reflektieren des einfallenden Lichtes ein zweites Mal gereizt und die Katze kann die Lichteindrücke doppelt auswerten.

Eines aber ist sicher: Bei totaler Dunkelheit kann auch die Katze nichts sehen! Trotzdem ist sie dann aber nicht orientierungsunfähig! Mit Hilfe der breit ausgestreckten Schnurrhaare kann sie den Raum „erfühlen", in dem sie sich bewegt. Ihr passiert es nicht wie uns Menschen, daß sie irgendwo mit dem Kopf an die Wand stößt.

Denk- und Arbeitsanregungen

1. Leuchtet abwechselnd einem Menschen und einer Katze mit der Taschenlampe in die Augen und beobachtet, wie sich die Pupillen beider Lebewesen auf die wechselnden Lichtverhältnisse einstellen!
2. Erklärt das Stichwort „Katzenauge"!
3. Sprecht zu den beiden Bildern dieser Seite!
4. Versucht, einer Katze mit einem Bleistift oder anderem die Schnurrhaare leicht zu berühren! Wie reagiert sie auf den Versuch? Vermutet!
5. Katzen können Farben nicht oder nur schlecht erkennen bzw. unterscheiden. Gibt es einen Zusammenhang zwischen dem überwiegend *nachts* tätigen Kleinraubtier und dieser schwach ausgeprägten Sinnesleistung? Diskutiert!

Gehör und Gleichgewichtsorgan sind ebenfalls hervorragend ausgebildet

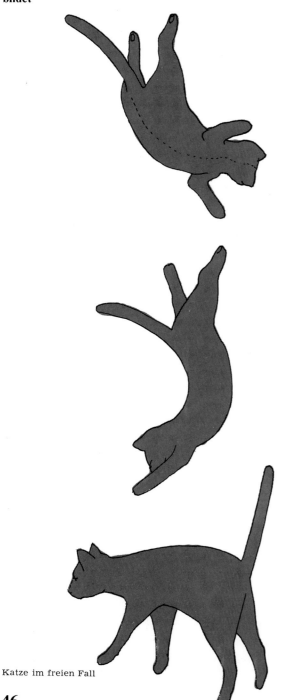

Katze im freien Fall

Kann sich die Katze, die auf Beutefang aus ist, schon zuverlässig auf ihre Augen, den führenden Sinn, verlassen, so ist außerdem ihr Gehör besonders gut ausgebildet. Auch das ist verständlich, wenn man daran denkt, daß sie ja ein „Nachtjäger" ist. Schon die Größe der Ohren und ihre enorme Beweglichkeit (Ohrenspiel!) sagen uns, wie gut sie hören muß. Geradezu hervorragend gelingt es ihr, Entfernung und Richtung eines Geräusches zu bestimmen, das durch hohe Töne verursacht wird. Auch das ist leicht erklärbar. Ihre Beutetiere (Mäuse, nestjunge Vögel, Junghasen, Maulwürfe und Ratten) geben hohe Laute von sich.

Auf derartige Töne sind Katzen geradezu „programmiert". Ertönt das Mäusefiepen, dann schnellt selbst die anscheinend im tiefen Schlaf versunkene Katze blitzschnell hoch.

Bestimmt ist jedem der Spruch geläufig: „Der fällt immer auf die Füße, wie eine Katze!" Man meint damit, daß sich ein Mensch auf jede neue Lebenslage und den Wechsel der Situation gut einstellen kann. Das Beispiel „Katze" aber wurde und wird gewählt, weil ihr Gleichgewichtssinn tatsächlich sehr gut entwickelt ist.

Auch hier müssen wir uns daran erinnern, daß ihr Vorfahr und die Wildkatze im Wald oder in der Nähe von Wäldern lebten und leben und bei Gefahr blitzschnell auf Bäume klettern müssen. Fällt eine Katze im freien Fall aus einer Höhe von ca. 4–6 m zu Boden, dann dreht sie sich reflexartig aus der Rücken- in die Bauchlage. Die Füße weit vom Körper gestreckt, fängt sie mit ihnen ihren eigenen Fall gut auf, so daß ihr Stürze aus dieser Höhe nichts ausmachen.

Denk- und Arbeitsanregungen

1. Überprüfe zu Hause oder in der Klasse, wie der Geruchssinn der Katze ausgebildet ist! Denkt euch dazu einen Versuch aus!
2. Sprich zu nebenstehender Bildfolge!
3. Was sagst du zur Gelenkigkeit der Wirbelsäule einer Katze?

■ **Diese Begriffe kennen wir jetzt**

Wildkatze – Falbkatze – Schleichjäger – Einzelgänger – Tötungsinstinkt – schnurren – Katzenbuckel – Kleinraubtier – Pupille – Katzenauge

Wir wissen

▶ von den Verhaltensweisen der Katze bei der Paarung, beim Verteidigen ihres Reviers, beim Beschützen des eigenen Lebens bzw. des Lebens der Jungen,

▶ etwas über die Art und Weise des Anschleichens der Beute,

▶ von ihrer besonderen Ausstattung als „Nachtjäger",

▶ warum man die Katze als „Augen"tier bezeichnet.

Ist das Verhalten bei verwandten Tieren auch ähnlich?

Sie alle zählen zu den Katzen!

Trotz ihrer unterschiedlichen Größe und ihres verschiedenen Aussehens, trotz der verschiedenen Lebensräume und der auch jeweils andersartigen Nahrungswahl sind diese Tiere alle Mitglieder der großen Katzenfamilie. Daher verhalten sie sich auch vielfach gleich oder ähnlich, wenn es um die Fortpflanzung, die Sicherung des Reviers, den Schutz vor Feinden oder um das Beutemachen geht. Wenn

Gepard

Löwe

Jaguar

Königstiger

Leopard

Ozelot

Puma

Wüstenluchs

Unterschiede vorhanden sind (Löwen zum Beispiel sind keine Einzelgänger), dann sind die Verwandtschaftsgrade eben nicht mehr so „nahe". Unterschiede gehen hier auf die Anpassung an den Lebensraum zurück.

Denk- und Arbeitsanregungen

1. Stelle in einer Übersicht zusammen, wie sich Katzen bei der Paarung, bei der Verteidigung des Eigenreviers, bei der Brutpflege und beim Beutefang verhalten!

2. Versuche, für einzelne Verhaltensweisen eine Erklärung zu finden und führe diese Erklärung auch auf die Vorfahren unserer Hauskatze zurück!

3. Suche zu einem Tier, das die Bildtafel der Seite 47 zeigt, Näheres zu erkunden und vergleiche Aussehen, Nahrungswahl, Jungenaufzucht, Ergreifen der Beute u. a. mit der Hauskatze!

4. Sammelt Bilder von „Katzenverwandten" und ordnet sie in einer Schautafel nach „Kleinkatzen" und „Großkatzen"! In jedem Tierlexikon (Grzimeks Tierleben – Großes Lexikon der Tierwelt – Brehms Tierleben u. a.) sind die entsprechenden Hinweise zu finden.

■ Diese Begriffe kennen wir jetzt

Anpassung – Katzenfamilie – Kleinkatzen – Großkatzen – Nahrungswahl – Lebensraum

Wir wissen

▶ daß Gepard, Löwe, Jaguar, Tiger, Leopard, Ozelot, Puma und Luchs zu den Mitgliedern der Katzenfamilie zählen,

▶ etwas über die Anpassung eines Lebewesens an seinen Lebensraum

▶ daß es Klein- und Großkatzen gibt.

Es war im Jahr 1793. Der Italiener Spallanzani, ein Biologe, befand sich in seinem Laboratorium, um mit einer lebenden Eule zu experimentieren. Plötzlich entwich ihm das Tier. Es flatterte gegen die den Raum notdürftig erhellende Kerze und löschte das Licht aus. An den Geräuschen konnte Spallanzani wahrnehmen, daß der Nachtgreifvogel im völlig dunklen Zimmer gegen die Wände und die Decke prallte. Der Forscher war überrascht! Hatte man mit der Behauptung unrecht, daß Eulen auch in der Dunkelheit „sehen" können? Seine Neugier oder auch sein Forschertrieb war geweckt. Er beschloß, Tiere zu untersuchen, die sich gemäß ihrer Lebensweise überwiegend nachts auf der Erde oder in der Luft bewegen müssen, um Nahrung zu finden.

Als erstes Nachttier untersuchte Spallanzani einen flugfähigen Kleinsäuger, die Fledermaus. Er zog ihr zu Anfang eine undurchsichtige Haube über den Kopf und stellte fest, daß sie sich im Raum ähnlich orientierungslos verhielt wie die Eule. Auch als er dem Tier eine durchsichtige Haube über den Kopf zog und sie sogar bei Tag im geschlossenen Zimmer fliegen ließ, änderte sich nichts. Die Fledermaus prallte gegen Wände und Decke und war hilflos.

Eines Tages veränderte der Forscher das Experiment. Er blendete Fledermäuse und ließ sie wieder im Zimmer fliegen. Jetzt passierte etwas, was ihn erstaunte: Die geschundenen Tiere, die nicht mehr sehen konnten, flogen geschickt und sicher. Sie wichen sogar Schnüren aus, die Spallanzani kreuz und quer als weitere Hindernisse im engen Raum angebracht hatte.

Ein anderer Forscher verstopfte Fledermäusen die Ohren und konnte ebenfalls feststellen, daß sie auf diese Weise um ihr Orientierungsvermögen bei Tag und Nacht gebracht werden können. Erst daraus zog man die Erkenntnis, daß es Tiere gibt, für die das Hörorgan soviel bedeutet wie bei anderen das Auge. Es gibt Tiere, die mit den Ohren „sehen" können!

Töne, die für uns Menschen nicht mehr hörbar sind

Lange Zeit nahm man die Forschungen Spallanzanis und anderer nicht ernst. Es blieb unvorstellbar, daß Fledermäuse sich anders orientieren als mit den Augen. Erst zu Anfang unseres Jahrhunderts gelang es dann mittels der Technik nachzuweisen, daß diese „Nachtjäger" während des Flugs kurze Klicklaute mit einer für uns Men-

Kopf der Riesenfledermaus

schen nicht mehr hörbaren Tonhöhe ausstoßen. Diese Laute sind – vergleicht man sie mit Geräuschen, die für uns hörbar sind – ungemein stark. Wir würden sie als „Krach" wahrnehmen, den ein moderner Düsenjäger verursacht, der in ca. 1 km Entfernung seine Turbinen aufheulen läßt. Geräusche, das wissen wir, erzeugen Schallwellen. Treffen Schallwellen auf einen Gegenstand auf, dann werden sie zurückgeworfen. Auch das ist bekannt. Was aber hat das mit der Orientierung der Fledermäuse zu tun?

Sie findet das Flugloch!

Will sich die Fledermaus im dunklen Raum orientieren, dann sendet sie die schon erwähnten Laute in kurzen Abständen nacheinander aus. Die Geräuschwellen treffen im Raum auf Widerstände aller Art und werden zurückgeworfen. Auf diese zurückkehrenden Laute achtet die Fledermaus. Aus dem Verhältnis: „Ausgestoßener Laut – aufgenommener Schall" kann dann das Tier die Größe des anzufliegenden Objekts, die Entfernung, die Richtung, in der sich das Objekt befindet und noch mehr bestimmen. Für die Aufnahme des Schalls aber sind die Ohren der Fledermaus und die Gehörausstattung von großer Wichtigkeit.

Ohrenformen bei Fledermäusen

Allein die Form, die Größe und bei einzelnen Arten auch die Beweglichkeit des Außenohrs weisen darauf hin, daß das Gehör der „führende Sinn" ist. Zurückgeworfene Geräusche werden sicher geortet. Sind es Hindernisse, dann vermeidet die Fledermaus den Zusammenstoß durch geschicktes Ausweichen. Sind es Beutetiere, dann werden sie ebenso gut „angepeilt" und ergriffen. Selbst in einem fast schalldicht gemachten Raum können sich die Tiere mühelos orientieren. Wundert es daher, wenn sogar Insekten als Beutetiere „erkannt" werden, die fast regungslos auf einem Blatt sitzen?

Denk- und Arbeitsanregungen

1. Gebe wieder, wie Spallanzani und andere Forscher zur Überzeugung kommen mußten, daß Fledermäuse unserer Breiten sich nach dem Gehör im Raum orientieren!
2. Erkläre schriftlich, auf welche Weise die Fledermaus sich nächtlich so zurechtfindet, daß sie Widerstände und Beutetiere erkennen kann!
3. Betrachte das Gebiß der auf dieser Seite abgebildeten Fledermaus! Was kannst du folgern!

Fledermäuse sind nicht blind!

Geruch- und Geschmackssinn der Fledermäuse sind bei den hier heimischen Arten ebenfalls gut entwickelt. Der „führende" Sinn aber ist das Gehör. Es ist falsch, anzunehmen, daß die „Nachtjäger" blind sind. Wir können stecknadelknopfgroße Augen erkennen. Allerdings ist ihre Leistung nicht sonderlich gut.

Fledermäuse haben ein „Zuhause", das sie stets wiedererkennen!

Fledermäuse an ihrem Ruheplatz

Wer erfahren hat, daß Fledermäuse „Blindgleiter" sind und sich nur mit dem Gehör orientieren, muß es erstaunlich finden, daß sich diese Tiere nach dem Beuteflug in der Regel wieder am altvertrauten Schlaf- und Ruheplatz einfinden. Das sagt uns, daß sie ein „Hör-Bild" von ihrer Umgebung entwickeln, das unserem „Seh-Bild" in keiner Weise unterlegen sein muß. Bestimmte Hörerfahrungen werden so hervorragend zusammengefügt, daß eine bis in Kleinigkeiten vollständige „Hör-Karte" (im Gegensatz zur Landkarte, die wir beanspruchen, um uns zurechtzufinden) ihres Lebensraumes entsteht. Kennen sie sich dann aufgrund der vielfältigen „Hör-Erfahrungen" aus, dann wird es für sie allerdings tragisch, wenn wir Menschen ihnen plötzlich das Einflugloch bzw. Ausflugloch verbauen und sie sich einen anderen Eingang bzw. Ausgang suchen müssen. Sie sind die alten Verhältnisse gewöhnt, verlassen sich nicht so stark auf die neuen Eindrücke und prallen mitunter mit voller Wucht gegen den neuen Widerstand, den sie nicht vermuten.

Unsere heimischen Kleinfledermäuse ernähren sich von Insekten. Großfledertiere der Tropen dagegen sind häufig Pflanzenfresser (Früchtenahrung).

Denk- und Arbeitsanregungen

1. Begründe, warum sich das Gehör der Fledermäuse so erstaunlich entwickelt hat!
2. Fledermäuse können fliegen, sind aber keine Vögel. Wie unterscheiden sie sich von den Vögeln?
3. Erkunde, wie Fledermäuse überwintern und berichte der Klasse!
4. Eine einzige Fledermaus vertilgt pro Nacht bis zu 400 Kleininsekten. Kannst du dir nun erklären, aus welchen Gründen Fledermäuse zu den streng geschützten Tieren zählen?
5. Erkundigt euch (Informationsentnahme aus Büchern, Befragung von Fachleuten o. a.), was wir Menschen tun können, damit Fledermäuse nicht noch stärker vom Aussterben bedroht sind!
6. Warum jagen Fledermäuse nicht am Tag? Vögel tun dies doch auch? Hat die „Arbeitszeit-Aufteilung" Bedeutung?

■ **Diese Begriffe kennen wir jetzt**

Kleinsäuger – Nachtjäger – Geräuschwelle – Ohrmuschel – Ortungssystem – „Hör-Bild".

Wir wissen

▶ welche Leistungen der „führende Sinn" der Fledermaus vollbringt,
▶ warum Fledermäuse unserer Gegend und insektenfressende Vögel in ihrer Nahrungswahl „gut aufeinander abgestimmt" sind,
▶ wie man nach und nach zur Erkenntnis gelangte, daß Fledermäuse sich auf ein Hörbild verlassen.

„Späh- und Gleitfluggreifer" – warum dieser Name für den Bussard?

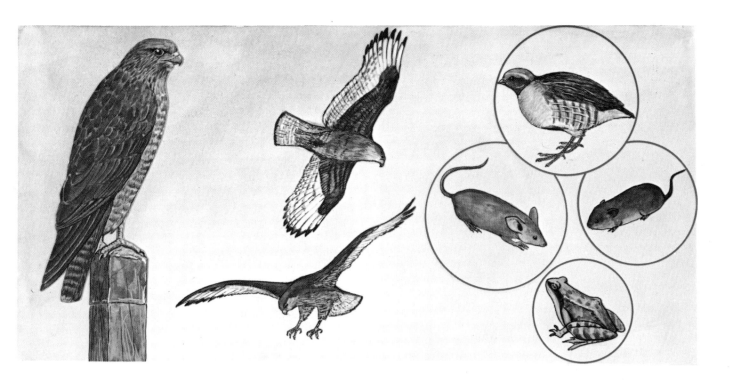

Was diese einzelnen Zeichnungen miteinander zu tun haben, ist nicht schwer zu erraten. Der Bussard wird hier in Zusammenhang mit jenen Tieren gebracht, von denen er überwiegend lebt. Weil er zumeist Mäuse frißt, nennt man ihn auch Mäusebussard. Bei einem Körpergewicht von fast 1000 Gramm benötigt er mindestens 7 pro Tag, um satt zu werden. Größere Säuger oder gar Vögel (Jungfasan, Rebhuhn) schlägt er nur dann, wenn die Nahrungsnot groß ist (Winterzeit) oder das Beutetier erkennen läßt, daß es krank ist.

Wie aber kam er zu dem seltenen Beinamen, der in der Überschrift zu finden ist? Wahrscheinlich deshalb, weil man beobachtet hat, daß ein Mäusebussard auf einem erhöhten Sitz (einzelstehender Baum, Telegrafenmast o. ä.) mitunter über eine Stunde lang auf der „Spähe" sitzt, bis er ein Beutetier gesichtet hat. Er braucht demnach jene Geduld, die auch der Jäger haben muß, der auf seinem Hochstand auf ein jagdbares Wild wartet.

Häufig aber sieht man ihn mit weit ausgestreckten Schwingen in der Luft segeln. Aus großer Höhe beobachtet er jetzt seine Umgebung. Fast zwei Quadratkilometer groß ist das Jagdrevier, in dem ein Bussardpaar keinen anderen Eindringling duldet. Kein Wunder, wenn man bedenkt, daß es allein für die Aufzucht der Jungen etwa 25 kg Beute benötigt.

Lange schwebt er in der Luft, ohne einen einzigen Schwingenschlag zu tun. Deshalb hat er den Namen „Gleitfluggreifer" erhalten. Geschickt die Aufwinde ausnützend, wird er immer höher getragen. Für ihn ist der Flug allerdings – abgesehen von der Paarungszeit – kein „Vergnügungsflug". Stets gilt es, auf Nahrungssuche zu sein.

Denk- und Arbeitsanregung

Bussarde „kröpfen" ihre Beute. Lies darüber und über die Art ihrer Verdauung nach und berichte!

51

Bussarde haben nicht nur scharfe Fänge!

Wenn wir Menschen mit einem Flugzeug in jener Höhe sind, in der sich ein Bussard bewegt, dann sehen wir alles „klein geworden" unter uns. Wir würden eine Maus, einen Maulwurf, einen Frosch oder gar ein größeres Insekt nicht erkennen.

Anders beim Mäusebussard! Auch aus großer Höhe erspäht er die kleinen Beutetiere. Hat er eines gesehen, dann stürzt er sich mit angelegten Flügeln, um ja der Luft keinen großen Widerstand zu bieten und möglichst schnell an das Ziel zu gelangen, zur Erde herab. Erst in unmittelbarer Erdbodennähe werden die Flügel und die Schwanzfedern wieder ausgebreitet und die Fänge weit ausgestreckt. Auf diese Weise wird der Sturzflug abgebremst. Bevor das Beutetier fliehen kann, wird es schon mit den mächtigen Fängen ergriffen und mit den dolchartigen Krallen getötet, soweit es sich um eine Maus, einen Maulwurf oder ein anderes Kleintier handelt.

Wie war es dem Mäusebussard möglich, aus großer Höhe die Maus oder den Maulwurf zu erkennen? Wohl deshalb, weil er über ein gut **ausgebildetes Gehör** verfügt. Das Fiepen der Maus, das Quaken des

Frosches und das Scharren des Maulwurfs scheint er dank des guten Gehörs noch aus großen Entfernungen wahrzunehmen.

Weit besser noch sind seine Augen ausgebildet. Sie sind den Augen des Menschen um das 60–100fache an Leistung überlegen und – wie die Augen des Hundes – auf Tiere in Bewegung „programmiert". Nur deshalb ist es unserem schönsten Greifvogel, den wir noch in ausreichender Anzahl in der freien Landschaft besitzen, möglich, täglich zu seinen ‚sieben Mäusen' oder anderem zu gelangen. Weil sein Auge so gut ausgebildet ist, wird es für den Bussard zum „führenden" Sinn. Deshalb gelingt es ihm – nicht aufgrund der scharfen Fänge – zu genügend Nahrung zu kommen.

Denk- und Arbeitsanregungen

1. Habichte werden „Überraschungsjäger" genannt, weil sie aus der Deckung heraus blitzschnell auf das Beutetier „zuschießen". Erkläre nun, warum man für den Mäusebussard den Begriff „Späh- und Gleitfluggreifer" gewählt hat!

2. Das Auge der Katze ist für das Farbensehen nicht sonderlich eingerichtet. Ist dies beim Bussard ähnlich? Lies in einem Tierlexikon nach oder erkundige dich bei einem Tierkenner!

3. Ein Bussard vermag einen Maikäfer oder ein anderes gleichgroßes Insekt auch dann noch zu sehen, wenn es ca. 400 m entfernt auf dem Boden krabbelt. Versucht herauszubringen, welche Objekte ihr erkennt, wenn sie so weit entfernt sind!

■ **Diese Begriffe kennen wir jetzt**

Schwingen – Fänge – Greifvogel – Sturzflug – Gleitflug

Wir wissen

► warum dem Mäusebussard ein so sonderbarer Beiname gegeben wurde,
► wie ein Flugtier ausgestattet sein muß, damit es kleine Beutetiere aus großer Höhe erkennt,
► warum man den Bussard als „Augentier" bezeichnet,
► welche anderen „Augentiere" du im Verlauf des Unterrichts der 5. Jahrgangsstufe schon kennengelernt hast.

Sind wir Menschen mit „schlechtentwickelten" Sinnesorganen ausgestattet?

Hören

Sehen

Immer wieder war die Rede davon, daß unsere Augen nicht jene Leistungen erbringen wie die von bestimmten Tieren, daß unser Gehör bei weitem nicht mit dem der Fledermaus „konkurrieren" kann, daß wir noch „gar nichts riechen", wenn der Hund schon mit einer Sicherheit ohnegleichen eine Spur verfolgt usw.

Sind wir nun den Tieren unterlegen, wir mit unseren „schlechten" Augen, Ohren und der nur wenig geruchsempfindlichen Nase?

Halten wir fest, daß Tiere stets eng auf eine ganz bestimmte Art des Wahrnehmens eingestellt sind. Ein Mäusebussard setzt seine hervorragenden Augen überwiegend für den Beutefang, aber keineswegs für alles das ein, was der Mensch mit seinen Augen aufnimmt, eine Fledermaus nützt ihre besonderen Hörfähigkeiten ausschließlich dann, wenn sie Nahrung sucht oder in die Wohnhöhle zurückfliegt, ein Hund kann nur dann Leistungen erbringen, die uns Menschen dienlich sind, wenn wir ihn daraufhin dressiert haben usw. Wir Menschen sind den Tieren trotz allem vielfach überlegen und

eben „ganz anders", weil wir unsere Sinnesleistungen als vernunftbegabte Lebewesen in einer ganz anderen Art zur Wirkung bringen können. Und noch etwas: Wir können uns Hilfsmittel schaffen, die einzelne schwache Sinnesleistungen so verstärken, wie es das bestausgestattete Auge eines Tieres, die hervorragendste Hörfähigkeit eines Tieres nicht zu leisten vermögen.

Probleme haben wir nur dann, wenn ein Sinn teilweise oder ganz ausfällt. Aber auch dann wissen wir uns zu helfen und sind nicht machtlos, wie es ein Tier in freier Wildbahn wäre.

Denk- und Arbeitsanregungen

1. Bindet einem Schüler die Augen zu und laßt ihn einen Gegenstand suchen! Gebt ihm bestimmte Hilfen, indem ihr ihm Richtungshinweise zuruft!

53

2. Bindet einem Schüler die Nase und die Augen fest zu und laßt ihn abwechselnd in einen Apfel und dann wieder in eine Zwiebel beißen!

3. Ein Schüler soll sich mit dem Rücken zum Klassenraum hinstellen und sich ein Ohr fest zuhalten. Verursacht dann bestimmte Geräusche (Klopf-, Scharr- und Sprechgeräusche) und laßt ihn berichten, um welche Geräusche es sich handelt und aus welcher Richtung sie kommen!

4. Untersucht den Tastsinn, der uns Menschen gegeben ist, im Hinblick auf die Feststellung der Oberflächenbeschaffenheit eines Gegenstandes, der Temperatur u. a.!

5. Verbindet einem Schüler die Augen und laßt ihn verschiedene Gegenstände „abtasten"! Er soll raten, was man ihm vorgelegt hat!

■ **Diese Begriffe kennen wir jetzt**

Verstand – Denkfähigkeit

Wir wissen

▶ wie die Sinne heißen, die uns Menschen zum Erkennen der Dinge dieser Welt befähigen,

▶ wie wir die Überlegenheiten bestimmter Sinnesleistungen des Hundes, des Bussards, der Katze usw. nicht nur ausgleichen, sondern sogar übertreffen können,

▶ was wir feststellen, wenn eine Sinnesleistung bei uns ausfällt,

▶ wie der Ausfall einer Sinnesleistung dank unserer Technik ausgeglichen werden kann.

Tierbilder aus einem Buch des 17. Jahrhunderts

Wissen wir „alles" über das Verhalten der Tiere?

Lange Zeit sahen wir die Tiere nur mit „unseren" Augen an. Deshalb ist es so, daß z. B. in Tierbüchern des Mittelalters die Gesichter der Tiere fast den Gesichtern der Menschen ähnlich sind. Der Mensch des Mittelalters übertrug *seine* Vorstellungen von „Gut und Böse" auf die Tiere und so schuf er sich Namen wie „Raubtier", „Ungeziefer", „Untier" und entgegengesetzt Kosenamen für den Schoßhund und bestimmte Jungtiere, die eigentlich nur für ihn, den Menschen, zutreffen.

Das allein hätte aber nicht zum „großen Sterben" in der Natur geführt, das bis heute noch nicht beendet ist. Schuld daran ist, daß auch *wir* die Tiere noch immer in „nützlich" und „schädlich" einreihen. Kommt ein Tier unseren Wünschen entgegen (z. B. das Pferd, das wir als Reit- und Zugtier beanspruchen oder die Kuh, die uns Fleisch und Milch liefert), dann ist es ein „nützliches Tier". Reißt ein Wolf oder Bär ein Haustier, greift sich ein Habicht ein Küken, holen sich Eisvögel oder Graureiher Fische aus unseren Gewässern, dann gelten diese Tiere als „schädlich". Man verfolgte und verfolgt sie und rottete nicht wenige noch in unserem Jahrhundert (auch noch heute!) aus.

Das tierische Verhalten aber war uns bis in das 20. Jahrhundert hinein ein Rätsel. Erst nach und nach befaßte man sich mit dem Artverhalten der Tiere, beobachtete, wie sie sich paaren, wie sie ihre Jungen aufziehen, sich gegenseitig begegnen oder auf „Distanz halten", ihre Beute jagen oder gegen Feinde erwehren können u. a. Heute wissen wir mehr! So ist uns klar, daß bestimmte Verhaltensweisen einem Tier, ja einer ganzen Tierart oder -gruppe, angeboren sind. Wir wissen zudem, daß auch Tiere lernen können und sich dann in bestimmten Situationen nach und nach anders verhalten.

Ein eigener Wissenschaftszweig der Biologie, die Verhaltenslehre, befaßt sich mit dieser wichtigen Sonderaufgabe, Tiere „ganz" kennenzulernen.

Erst wenn man ein Tier kennt, ganz kennt, kann man ihm auch die besten Überlebenschancen in einer von Wildtieren immer mehr entblößten Landschaft anbieten. Die Folge ist, daß sich das Tier dann auch „wohlfühlt" und für den Menschen Leistungen erbringt, die diesem wiederum zugute kommen.

Tierische Verhaltensweisen haben selbst uns Menschen einiges zu sagen. Auch wir werden ja von bestimmten Trieben beherrscht, die jenen der Tiere gar nicht so unähnlich sind. Wir drohen, zeigen Demutshaltung, grenzen unsere Reviere gegenüber dem Nachbarn durch einen Zaun oder eine hohe Mauer ab, versuchen aus ganz bestimmten Gründen „aufzufallen", geraten in Panik und schlagen dann wild um uns, sind in der Masse (Fußballspiel) anders als in der Gruppe und Familie, können durch Mimik und Gestik Stimmungen ausdrücken u. a. Durch die Erforschung des tierischen Verhaltens ist man also auch unserem Verhalten in ganz bestimmten Situationen (z. B. dem Menschen, der sich im Auto befindet und merkt, daß man ihn überholen will) auf die „Spur" gekommen.

Wer das Verhalten eines Tieres erkennen und erklären will, muß zweierlei tun: 1. Gut beobachten und 2. Die Entwicklungsgeschichte des Tieres erforschen.

Wir lernen tierische Verhaltensweisen kennen

Die Bilder zeigen ganz verschiedene Tiere, die in ganz verschiedenen „Umwelten" zu Hause sind. Es handelt sich einmal um Wildtiere, zum anderen um Haustiere. Trotz der Verschiedenartigkeit zeigen sie aber das gleiche Verhalten: Sie drohen einem Rivalen, sie kämpfen miteinander. Die drei Hirsche tragen aller Wahrscheinlichkeit nach einen Revierkampf aus. Einer von ihnen verteidigt das Gebiet, in dem er zu Hause ist. Andere duldet er hier nicht. Ist er stark genug, dann werden die Eindringlinge weichen. Siegt einer der Rivalen, dann müssen die anderen gehen.

Die zwei Hähne fassen sich ebenfalls als Feinde auf, wenn einer dem anderen ins Gehege kommt. Jeder hat sein „Revier", jeder führt die ihm zugeordnete Hennenschar an. Dieses natürliche Kampfverhalten machen sich Menschen in tierquälerischer Art zunutze, was von jedem Tierfreund scharf abzulehnen ist.

Denk- und Arbeitsanregungen

1. Sammelt Ausdrücke, die wir den Haus- und den Wildtieren zuordnen und sucht sie gemeinsam zu erklären! Wertet sie!
2. Beobachtet das Verhalten eines von euch zu bestimmenden Haus- oder Zootieres und berichtet der Klasse! Denkt daran, daß hierbei die „Phantasie" nicht zählt. Nur, was gesehen, gehört, also mit den Sinnen wahrgenommen werden kann, darf gelten.

Kämpfende Hirsche

Hahnenkampf

Balzende Trappe

Bettelnde Jungvögel

Bestimmte Verhaltensweisen sind angeboren

Auf dem linken oberen Bild ist ein seltener Vogel, eine Trappe, zu sehen. Sie plustert in eigenartiger Weise ihr Gefieder auf, zeigt also ein ganz bestimmtes Verhalten. Der Fachmann kann es deuten: die Trappe ist paarungsbereit, sie zeigt das dem Partner an.

Die Jungvögel, die in ihrem Nest sitzen, verhalten sich auch für den Laien ganz eindeutig: sie sperren, d. h. sie betteln um Futter. Ihr Altvogel weiß, was dieses Verhalten bedeutet und wird sie umgehend füttern. Er kann gar nicht anders.

Das linke untere Bild zeigt, wie sich Pferde verhalten. Es sind Herdentiere. Eng rücken sie zusammen.

Und die Menschen? Betrachten wir einmal, wie sie sich in einer fast leeren Gaststätte „verhalten"!

Sie setzen sich nicht zusammen an einen Tisch, sondern halten voneinander Abstand, sofern sie sich nicht gut kennen. Dieses Verhalten ist nicht sonderlich überlegt. So sind sie!

Durch genaues Beobachten und durch Experimente weiß man heute, daß bestimmte Verhaltensweisen angeboren sind. Treten sie bei allen Angehörigen einer Art (zum Beispiel bei allen Katzenartigen) in gleicher Weise auf, dann spricht der Fachmann von „Instinkthandlungen". Für diese Handlungen kann man ein Tier niemals „verantwortlich" machen. Es kann gar nicht anders, als so zu handeln, wie sein Instinkt „befiehlt".

Leider häufig zu sehen!

Der Igel zum Beispiel rollt sich bei Gefahr blitzschnell ein, weil ihn seine Stacheln schützend umgeben. Allerdings schützt ihn das nicht vor den dahinrasenden Autos. Mäuse, Katzen, Hunde, Rehe, Hasen und Wildschweine, die auf eine Fahrbahn geraten, versuchen zu flüchten, was ihnen mitunter ihr Leben rettet. Der Igel aber bleibt gemäß seinem instinktiven Verhalten eingerollt liegen und wird deshalb auch häufig überfahren. Instinktives Verhalten kann damit geradezu schädlich, überwiegend aber für die Arterhaltung nur nützlich sein.

Wie aber kommt es zu einer Instinkthandlung?

Die rote Bauchseite des Stichlingmännchens sagt dem Stichlingweibchen, daß dieser Fisch ein Revier bezogen hat und paarungsbereit ist. Kommt nun ein zweites Männchen dem Revier des paarungsbereiten Stichlings nahe, dann wird es erbarmungslos – nach ent-

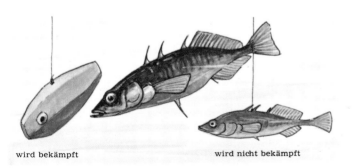

wird bekämpft   wird nicht bekämpft

sprechenden Drohbewegungen – bekämpft und verjagt. Auf dem Bild aber ist gar kein zweites Stichlingsmännchen zu sehen, sondern eine sogenannte Stichlingsattrappe, d. h. ein Holzstück in der Art des Stichlingskörpers mit einer rotbemalten Unterseite. Allein der „rote Bauch" genügt, um zum Auslöser für eine Instinkthandlung zu werden. Bringt man eine dem Fisch ähnliche Nachbildung, eine Attrappe ohne roten Bauch in die Nähe des Stichlingsreviers, dann beeindruckt dies den paarungsbereiten Stichling überhaupt nicht. Damit ist sicher, daß es für die vielfachen Verhaltensweisen von Tieren in den meisten Fällen einen „Auslöser" gibt. Tritt er auf, dann läuft ein Verhalten fast automatisch ab.

Ähnlich ist es auch mit dem Sperren der Jungvögel. Erkennt der Altvogel den aufgerissenen Schnabel oder etwas ähnliches in Form und Farbe, dann füttert er. So kommt es dann auch vor, daß Teichrohrsänger einen Jungkuckuck füttern.

Bestimmtes Aussehen, bestimmte Bewegungen oder bestimmte Lautäußerungen lösen demnach bei Tieren einer Art ein ganz bestimmtes Verhalten automatisch aus. Sie wirken auf alle Tiere einer Art wie ein Signal, wie ein besonderer Reiz. Der Forscher spricht hier vom sog. Schlüsselreiz, der angeboren ist.

Denk- und Arbeitsanregungen

1. Kennst du außer der seltenen Trappe noch andere Vögel, die dann ihr Gefieder aufplustern, wenn sie paarungsbereit sind!
2. Tiere, die früher und heute die offene Landschaft (Steppe!) bewohnen, leben häufig gesellig. Überlege, ob das „Zusammenstehen" für die Arterhaltung von Bedeutung war bzw. ist!
3. Schwalben verhalten sich abwehrbereit, wenn sie in der Luft nur die Umrisse eines Greifvogels sehen. Berichte, welche „Schlüsselreize" bei anderen Tieren bestimmte Abwehrverhalten auslösen!
4. Fachleute haben außer den Verhaltensbegriffen, die auf diesen zwei Buchseiten genannt werden, auch noch z. B. die Begriffe „Imponierverhalten", „Brutpflegeverhalten", „Distanzverhalten" geprägt. Versuche herauszufinden, was diese Begriffe beinhalten und berichte der Klasse!
5. Wie „verhalten" wir uns gegenüber einem Fremden, einem Freunde, einem Vorgesetzten u. a.?

Wozu dient ein bestimmtes Verhalten?

Das angeborene tierische Verhalten dient einzig und allein der Arterhaltung. Es sichert den Nahrungsraum, ermöglicht Fortpflanzung, schützt vor Feinden und trägt Sorge, daß Jungtiere aufgezogen werden.

Lernen Tiere auch etwas dazu?

Wird das Netz einer Kreuzspinne so berührt, wie es geschieht, wenn eine Fliege sich darin verfangen hat, dann bewegt sich die Spinne augenblicklich in Richtung auf das vermeintliche Opfer zu. Sie kann gar nicht anders und ihr hat nie ein Muttertier beigebracht, daß es notwendig ist, ein gefangenes Beutetier möglichst schnell anzugreifen, zu lähmen und einzuspinnen.

Daß Tiere aber auch lernen können, weißt du sicher, wenn du Umgang mit einem Hund, einer Katze, einem Zimmervogel oder einem anderen Haus- oder Zootier hast. Das untere Bild zeigt kein angeborenes, sondern ein erlerntes Verhalten.

Hier wurde dem Tier etwas „beigebracht", was es nun als neues „Lernwissen" besitzt. Der auf den Hinterbeinen laufende Hund weiß, daß er für sein eigenartiges Bewegen „belohnt" wird.

Gefangene Vögel wissen, wer ihnen täglich das Futter bringt. Sie prägen sich die Zeiten ein, zu denen sie regelmäßig gefüttert werden und fliegen unruhig umher, wenn der „Fütterer" sich verspätet.

Pferde, die im Vierergespann traben, bringen diese Fähigkeiten nicht auf die Welt mit. Sie wurden ihnen von Menschen beigebracht, und es dauerte sehr lange, bis sie begriffen, wie sie geordnet zu traben haben. Jetzt genügt der leichte Zug des Zügels und schon reagieren sie richtig. Auch hier folgt für das richtige Verhalten die Belohnung in Form von Zucker, was sich die Tiere ebenfalls eingeprägt haben. Bleibt die Zuckergabe aus, dann scharren sie mitunter unruhig mit ihren Hufen den Boden.

Natürlich lernen Tiere nicht nur etwas durch die Dressur des Menschen. Sie ahmen Handlungen nach, die sie bei den Elterntieren beobachten, sie lernen durch „Versuch und Irrtum" solange, bis sie gut geübt sind und auch vieles über das Spiel, das sie als Jungtiere im Schutz des Muttertieres oder des Rudels ausführen können.

Über die besondere Lernfähigkeit gibt das rechte untere Bild Auskunft. Man hat den Affen die begehrte Banane hochgehängt und gleichzeitig leere Kisten in den Käfig gestellt. Ohne menschliches Zutun türmen sie die Kisten so aufeinander, daß sie an die Frucht herankommen. Ihr Verhalten zeigt ein Handeln, das wir als „einsichtig" bezeichnen und das unserem Handeln, das vom Verstand geprägt wird, schon sehr ähnlich ist.

Von Schimpansen weiß man sogar noch mehr zu berichten. Sie nehmen z. B. Blätter zum Säubern ihrer Hände, einen Stock, um eine Frucht von einem Baum herunterzuschlagen oder einen Prügel, um den Feind zu verjagen. „Werkzeuggebrauch" ist also diesen nahen „Verwandten" des Menschen nicht ganz fremd.

Verhaltensänderungen bei Tieren gehen demnach oft auf Lernvorgänge zurück. „Lehrmeister" sind die Natur, andere Tiere, der Mensch oder die einem höheren Tier gegebenen Eigenkräfte.

Denk- und Arbeitsanregungen

1. Berichtet über das Lernvermögen eines Tieres, das ihr betreuen dürft!

2. Fragt nach Filmen, die der Verhaltensforscher Konrad Lorenz o. a. gedreht hat und laßt sie euch vorführen!

3. Erklärt die Bilder der Seiten 58 und 59, indem ihr einen Kurzbericht fertigt und vortragt!

4. Faßt verschiedene Verhaltensweisen bestimmter Tiere zusammen und fertigt eine Schautafel mit folgenden Überschriften:

	Hund	Katze	Stichling
Verhalten beim Nahrungserwerb:			
Paarungsverhalten:			
Drohverhalten:			

5. Sprecht über „angeborene Verhaltensweisen" und ihre Auslöser!

6. Unterscheidet (Diskussion) angeborene und erlernte Verhaltensweisen bei mindestens zwei Tieren, die im Buch nicht genannt werden!

7. Gibt es Verhaltensweisen bei Tieren und beim Menschen, die heute sinnlos erscheinen?

8. Erlernte, bzw. angeborene Verhaltensweisen sind heute in der Regel gut zu unterscheiden. Erkundigt euch, welche Versuche hier durchgeführt werden!

9. Wodurch ist menschliches vom tierischen Lernen unterschieden? Vermutet! Fragt den Lehrer erst dann, wenn ihr euch keine Antwort geben könnt!

■ **Diese Begriffe kennen wir jetzt**

Verhaltenslehre – Auslöser – Instinkthandlung – angeborenes Verhalten – erlerntes Verhalten

Wir wissen

▶ welcher Wissenschaftszweig sich in besonderer Weise um die Erklärung tierischen Verhaltens bemüht,

▶ warum es bedeutsam ist, tierisches Verhalten zu ergründen,

▶ wie eine Instinkthandlung ausgelöst wird,

▶ aus welchen Gründen bei Tieren bestimmte Verhaltensweisen angeboren sein müssen,

▶ ob tierisches Lernen dem menschlichen Lernen völlig gleichzusetzen ist.

3. Zusammenhänge zwischen Lebewesen und Umwelt

Kann uns die Zauneidechse zeigen, wie Reptilien gebaut sind?

Ihr Lebensraum und ihre Umwelt

Die Zauneidechse bevorzugt als Lebensraum steinige Südhänge, Heiden, warme Waldränder, felsige Böden, Steinbrüche, kurz alle Lebensräume, die trocken und warm sind. Dort lebt sie in Erdhöhlen, unter Steinen, in Ritzen und Spalten der Felsen. Mit der Abendkühle verkriecht sie sich in ihren Schlupfwinkel und erscheint erst wieder nach der frühen Erwärmung durch die Sonne. Gerne legt sie sich auf gut besonnte Steine. Wie plattgewalzt liegt sie da, die beweglichen Rippenbögen gespreizt, damit die Sonne eine möglichst große Körperoberfläche erwärmen kann. Wird es aber zu heiß, so verschwindet sie an schattige Plätze. Die Nacht, wie auch kühle, verregnete Sommertage, verbringt sie in ihrer Höhle.

Wie die Körperoberfläche angepaßt ist

Lebewesen, die in einer solch trockenen Umgebung leben, müssen an diese Umwelt angepaßt sein. Ihr Körper ist mit einer Haut bedeckt, die Hornschuppen trägt. So ist die Verdunstung des Körperwassers durch die Haut praktisch nicht mehr möglich. Nur der sehr geringe Wasserverlust läßt die Eidechse in südlicher Trockenlandschaft überleben, in der es nur wenig Möglichkeiten gibt, den Wasserbedarf zu decken.

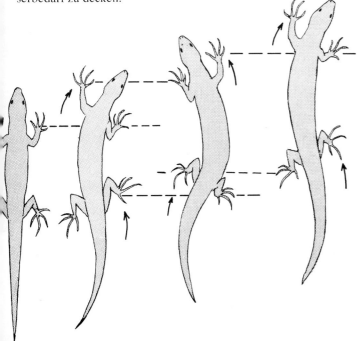

Auch Eidechsen haben ein Skelett

Die Eidechse ist ein echtes Wirbeltier und besitzt ein sehr zartes Skelett mit Wirbelsäule, Schädelskelett, Schulter- und Beckengürtel und Skelett der Gliedmaßen. Während bei Säugetieren die Beine den Körper frei tragen, weil sie unter ihm angeordnet sind, hängt der Körper fast aller Reptilien nach unten durch, da die Bewegungsorgane infolge ihrer seitlichen Stellung den Körper nicht so frei tragen können. Die Eidechsen schleifen allerdings ihren Körper nicht auf dem Boden wie die Lurche (Molche und andere). Die Fortbewegung der Eidechse geschieht in schlängelnder Weise, insbesondere bei der Flucht. Die Skizze zeigt den Bewegungsablauf. Bei warmem Wetter kann die Eidechse blitzartig vor ihren Feinden fliehen und dabei auch weite Sprünge ausführen.

Querschnitt durch die Körper

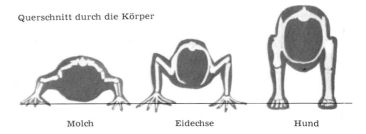

Molch   Eidechse   Hund

Denk- und Arbeitsanregungen

1. Suche an geeigneten Plätzen deiner Heimat nach Eidechsen! Störe sie aber nicht! Schreibe deine Beobachtungen auf!
2. Stelle ein Papiermodell des Körperquerschnittes der Lurche, Reptilien und Säuger nach der Skizze her!
3. Baue das Modell einer Eidechse aus kräftigem Zeichenpapier (nebenstehende Skizze). Damit kannst du den Bewegungsablauf sehr schön zeigen!

■ Diese Begriffe kennen wir jetzt

Haut mit Hornschuppen – Wirbeltier – Reptil – Skelett – Schultergürtel – Beckengürtel – Gliedmaßen – Bewegungsorgane – Anpassung

Wir wissen

▶ wo die Zauneidechse haust,
▶ wie sie an ihre Umwelt angepaßt ist,
▶ wie ihr Skelett beschaffen ist,
▶ wie sich Eidechsen fortbewegen.

Wie vermehren sie sich?

Die Befruchtung des Weibchens geschieht wie bei höheren Tieren. Das Männchen gibt den Samen in den Körper des weiblichen Tieres und streut ihn nicht im Wasser über die Eier, wie dies die Lurche tun. Diese Befruchtung ist bereits eine Anpassung an das Leben auf dem Lande. Der Same des Männchens könnte außerhalb des Wassers wohl kaum die Eier des Weibchens erreichen. So ginge beides zugrunde. Die Eier werden wie bei den Vögeln im Körper befruchtet und an einer warmen Stelle in eine vom Weibchen ausgekratzte Grube gelegt. Das „Ausbrüten" übernimmt dann die Sonne. Die Eier sind weiß und von der Größe der Eier eines Kleinvogels.

Nach einigen Wochen schlüpfen die Jungtiere. Wie die Vogelküken sprengen die kleinen Eidechsen die Eihaut und verlassen das Ei. Sie sind sofort selbständig und nehmen das Leben der Elterntiere auf. Einige Eidechsen, Bergeidechse und Blindschleiche z. B., bringen lebende Junge zur Welt. Die Eier werden im Mutterleib ausgebrütet. Bei der Geburt verlassen die Jungen sogleich die Eihülle und sind selbständig. Eine Brutpflege findet nicht statt. Beim Heranwachsen muß sich die kleine Eidechse mehrfach häuten, d. h. sie muß aus ihrer alten Haut herausschlüpfen, wenn diese zu klein geworden ist. Die Hornhaut wächst nicht mit. Unter der alten Haut hat sich vorher schon eine neue gebildet. Manchmal kann man an den Wohnplätzen von Eidechsen solche feinen Häutchen finden. Eine erwachsene Eidechse häutet sich zwei- bis dreimal im Jahr.

Eine reiche Speisenkarte

Die Umwelt stellt der Zauneidechse ein verhältnismäßig großes Nahrungsangebot zur Verfügung. Besonnte Waldränder, Hänge, selbst Steinbrüche sind Lieblingsaufenthalte von Insekten, die, wie ihre Jäger die Wärme suchen. An trüben Tagen gibt es Würmer zu erbeuten und vor allem junge Schnecken.

Sind die Sinnesorgane angepaßt?

Entsprechend angepaßt sind die zur Jagd nötigen Sinnesorgane, ein sehr gutes Auge und ein zwar eigenartiger, aber sehr feiner Geruchssinn. Die gespaltene Zunge, die ständig aus dem winzigen Mäulchen hervortritt, bringt aus der Luft Duftstoffe in die Mundhöhle. Im Mund übernimmt eine Vertiefung, die Riechgrube, diese Duftstoffe. Selbst geringste Spuren von Beutetieren können noch wahrgenommen werden. Das Gehör ist zwar vorhanden, aber nicht so gut entwickelt wie der Sehsinn und Geruchssinn.

Die gespaltene Zunge haben die Eidechsen mit den Schlangen gemeinsam. Je näher die Tiere ihrem Opfer kommen, desto schneller „züngeln" sie. Die Gesichtswahrnehmung wird also ständig durch die Geruchswahrnehmung ergänzt. Beim Menschen und vielen Säugern arbeiten Gesichts- und Gehörsinn zusammen, der Geruchssinn spielt nur eine geringe Rolle.

Denk- und Arbeitsanregung

Am Wohnplatz von Eidechsen kannst du, wenn du gerne forschst, einen interessanten Versuch machen! Stecke an einer passenden Stelle einen Glasthermometer mindestens fünf Zentimeter tief in die Erde! Miß auch die Lufttemperatur!

Eine Tabelle hilft dir zu Erkenntnissen:

Uhrzeit	Temperatur	
	in der Erde	Luft
8 Uhr		
10 Uhr		
12 Uhr		
14 Uhr		
16 Uhr		
18 Uhr		

Die Beobachtungszeiten können auch verringert werden. Je mehr Messungen du aber hast, um so besser werden die Ergebnisse. Vielleicht wird dir klar, warum die Eidechsen hier wohnen?

■ **Diese Begriffe kennen wir jetzt**

Häutung – Terrarium – Eihülle (Eihaut) – Riechgrube – Züngeln – Gesichtswahrnehmung – Geruchswahrnehmung – Reptilienei

Wir wissen

▶ wo die Eidechse ihre Eier ablegt und warum sie das tut,
▶ was man unter Häutung versteht und warum dies geschehen muß,
▶ welche Sinne bei der Eidechse ausgebildet sind und wie das Riechen erfolgt.

Zauneidechse

Und im Winter?

Da sie als wechselwarme Tiere mit Beginn der kalten Jahreszeit in Kältestarre fallen, sorgen sie im Herbst nicht für Nahrungsvorrat. Das brächte bei ihrem Speisezettel auch einige Schwierigkeiten. Sie suchen schon frühzeitig im Herbst einen günstigen, geschützten Überwinterungsplatz auf. Dort bleiben sie bis weit in den März, oft auch länger. Ihre Jungen nützen im Herbst noch das reiche Nahrungsangebot und halten im Frühjahr länger im Winterlager aus.

Haben Eidechsen Feinde?

Trotz ihrer guten Tarnfärbung lauert eine große Zahl von Feinden auf die Eidechse. Jagd auf sie machen alle Greifvögel, Krähen, Steinmarder, Wiesel, gelegentlich auch die Füchse. Selbst vor Ratten ist sie nicht sicher. Den meisten ihrer Angreifer kann sie infolge ihrer Schnelligkeit entgehen. Sie liegt auf ihrem Sonnenplatz, offensichtlich in völliger Entspannung und Ruhe. Da huscht ein Schatten über sie. Blitzschnell flitzt sie in eines ihrer Verstecke. Oft erwischt der Angreifer die Eidechse gerade noch am Schwanz. Aber auch dann hat er das Nachsehen. Bei Gewalteinwirkung kann die Eidechse ohne erhebliche Schädigung ihren Schwanz opfern. Um die Täuschung vollkommen zu machen, windet sich dieser in der gleichen Richtung weiter, in der die Eidechse längst verschwunden ist. Der verlorene Schwanz wächst wieder nach, allerdings nicht mehr ganz so vollkommen. Gelegentlich trennt sich der Schwanz nur teilweise ab. Dann bildet sich an der Bruchstelle ein zweiter Schwanz.
Die Fähigkeit Körperteile, Knochen und Hautflächen zu ersetzen, heißt Regeneration.
Je weiter wir in der Entwicklungsreihe der Tiere zurückgehen, um so besser können verlorene Körperteile ersetzt, d. h. neu gebildet werden. So bilden die Lurche selbst Beine neu. Werden Regenwürmer geteilt, so entwickelt sich aus jedem Teil wieder ein ganzer Wurm. Beim Menschen ergänzen sich nur noch die Haut und zu geringen Teilen auch Knochen.

Denk- und Arbeitsanregungen

1. Lies nach, welches der wesentliche Unterschied zwischen Winterschlaf und Winterstarre ist!
2. Der größte Feind der Eidechsen ist der Mensch. Er hat in weiten Bereichen die Eidechsen schon fast ausgerottet. Sprecht darüber und geht dieser Behauptung nach!
3. Erkundigt euch, welche Schädlingsbekämpfungsmittel den Eidechsen direkt, welche ihnen indirekt schaden!

Was wissen wir von den anderen Eidechsen?

1 Bergeidechse, 2 Zauneidechse, 3 Blindschleiche, 4 Smaragdeidechse

Während die Zauneidechse ziemlich häufig gesehen werden kann, sind die anderen Eidechsenarten bei uns nur noch selten anzutreffen. Die Waldränder, lichte Waldungen und größere Gebüsche bevorzugt die Bergeidechse (auch Waldeidechse) als Lebensraum. Sie meidet im Gegensatz zur Zauneidechse starke Sonneneinstrahlung. Da ihr Lebensraum kühler und feuchter ist, die Sonne das Brutgeschäft also nicht vollziehen kann, bringt sie ihre Jungen lebend zur Welt. Die Bergeidechse ist zwar in großen Höhen anzutreffen, überschreitet aber die Alpen nach Süden nicht. Mauer- und Smaragdeidechse sind heute nur noch in den wärmsten Gegenden Deutschlands zu finden, am Oberrhein, an der Mosel und an der Donau bei Passau. Sie sind Reste einer Tiergesellschaft aus einer wärmeren Zeit. Regelmäßig waren früher beide Formen in den Weinbergen zu finden. Chemische Insektenvernichtung und Unkrautbekämpfung haben sie ausgerottet.
Oft für eine Schlange gehalten wird die harmlose Blindschleiche. Auch sie gehört zu den Eidechsen. Ihre Beine sind verkümmert. Sie bewegt sich schlängelnd fort, wobei sich die Hornschuppen der Bauchseite in Unebenheiten des Bodens einstemmen. Auf glattem Boden kann sie sich nicht sehr schnell bewegen und daher leicht Opfer ihrer Feinde werden. Deshalb lebt sie heimlicher als die Zauneidechse, oft im gleichen Gelände, wenn es nicht zu heiß und trocken ist und genügend Deckung besteht.

Warum Reptilien immer noch gemieden werden?

Dinosaurier

Brachiosaurier

Reptilien sind ein Tiergeschlecht, das uns Menschen nicht so nahe steht wie viele andere Tierstämme, etwa die Vögel. Die größeren Reptilien erwecken in uns Furcht, manche auch Ekel. Selbst die kleinen, zierlichen Eidechsen erschrecken uns, wenn sie plötzlich davonhuschen. Im Umgang mit dem Menschen, etwa im Terrarium, werden sie wenig zahm. Sie brauchen unseren besonderen Schutz.

Eidechsen, letzte Nachfahren aus dem großen Geschlecht der „Drachen"

Der Stamm der Reptilien beherrschte bis zum Ende des Erdmittelalters die Erde. Kein Tierstamm hat auf dem Lande solche Riesentiere hervorgebracht wie die Saurier. Der Brontosaurus, ein wandelnder Fleischberg, wurde 18 Meter lang und dürfte 20 000 Kilogramm gewogen haben; der Diplodocus erreichte gar 27 Meter Länge. Die Flugsaurier waren die Herren der Luft. Einer davon hatte eine Flügelspannweite von 1,80 Metern. Der Ichthyosaurus war der Schrecken der Meere, wie heute der Hai. Er wurde bis zu 16 Meter lang. Alle sind ohne Nachfahren ausgestorben. Nur die weit entfernt verwandten Schlangen, Eidechsen und einige andere vertreten heute die Kriechtiere oder Reptilien. In tropischen Gegenden leben noch Nachfahren dieser gewaltigen Tiere, die Brückenechsen (ca. 0,75 m groß) und die Warane (ca. 1–2 m groß).

Denk- und Arbeitsanregungen

1. In vielen Zeitschriften findest du Abbildungen von allerlei Reptilien. Schneide sie aus und gestalte eine Seite deines Arbeitsheftes!
2. Lies in guten Tierbüchern etwas über die Saurier nach und trage es der Klasse vor!
3. Überlege, woran es liegen kann, daß wir Menschen gegenüber den Reptilien eine so eigenartige Scheu bzw. Ablehnung entwickeln! Ein Tip: Antwort gibt dir auch hier die Verhaltenslehre.

■ **Diese Begriffe kennen wir jetzt**

Überwinterungsplatz – Tarnfärbung – Regeneration – Saurier

Wir wissen

▶ wie Eidechsen den Winter verbringen,
▶ welche Feinde auf die Eidechse lauern,
▶ wie sie ihren Feinden entgeht,
▶ welche Besonderheit der Eidechsenschwanz aufweist,
▶ welche anderen Eidechsen im süddeutschen Raum leben,
▶ wie die Vorfahren der Eidechsen aussahen und wo sie lebten.

Hast du ein Terrarium?

So wie das Aquarium einen „See im Glase" darstellt, so ist ein Terrarium ein Stück in das Zimmer geholte Landschaft, eine Trockenheide etwa oder eine kleine Sumpflandschaft, je nach der Art der Tiere, die hier gepflegt werden sollen.

Eidechsen brauchen Bewegung. Einheimische Arten eignen sich nur wenig fürs Terrarium. Ein Eidechsenweibchen, das vor der Eiablage steht, kann so lange gehalten werden, bis es seine Eier versteckt hat. Wenn die Jungen ausgeschlüpft sind, muß kräftig gefüttert werden. Eidechsenfutter ist leider in keiner Zoohandlung zu haben, außer den fetten Mehlwürmern. Man muß also selbst Heuschrecken und andere Insekten fangen. Bei Regenwetter gelingt der Fang von kleinen Nachtschnecken leicht. Im Notfall kann geschabtes Rindfleisch oder geschabte Leber gefüttert werden. Am Morgen sollten die im Terrarium eingebrachten Pflanzen mit feiner Brause gesprüht werden, da Eidechsen zu ihrer Wasserversorgung Tautropfen aufnehmen.

Die Jungtiere sollten spätestens im September ihre Freiheit bekommen. Die Überwinterung im Haus gelingt meist nicht.
Die Schildkröten, von denen auf der Erde mehrere hundert Arten

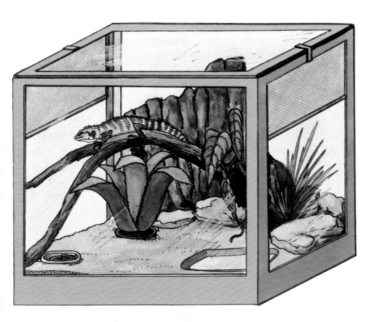

Sind Schildkröten „Kröten"?

Griechische Landschildkröte

leben, sind Reptilien wie die Eidechsen und haben mit den Kröten, die ja zu den Lurchen gehören, nichts zu tun.

Ein Panzer – und doch so friedlich

Das eigenartigste an dieser Tiergruppe ist ihr oft schön gezeichneter Panzer. Wie ein Reptil aus Urwelttagen marschieren diese Panzertiere daher, so ganz ohne Ähnlichkeit mit anderen lebenden Arten. Der Panzer, über den mit Ausnahme der Gürteltiere keine Tiergruppe mehr verfügt, ist aus Knochen und zum größten Teil mit dem Skelett verwachsen. Auf den Knochenplatten liegen Hornschuppen, zwischen Knochen und Horn spannt sich eine dünne Haut. Mit dem heranwachsenden Tier wächst auch der Panzer mit. Die Zahl der Rillen auf den Hornplatten gibt auch die Zahl der Lebensjahre an. Schildkröten sind schwerfällig und bewegen sich meist langsam und gemächlich. Bei der Tageswärme ihrer südeuropäischen Heimat können sie allerdings recht flott dahintrotten. Sie brauchen auch keine Eile. Im Falle der Not ziehen sie sich in ihren Panzer zurück. Eine schnelle Flucht wie bei der Eidechse ist also nicht nötig.

Auch die Unterseite ist gepanzert!

Europäische Sumpfschildkröte

Was frißt das Panzertier?

Da die Griechische Landschildkröte im unwegsamen Gelände, oft an felsigen Hängen und ähnlichen Plätzen lebt, nährt sie sich hauptsächlich von pflanzlicher Kost. Besonders liebt sie allerlei Früchte. Doch auch Würmer, Schnecken und anderes Kleingetier verschmäht sie nicht.

Winterruhe, gibt es das auch für die Schildkröte?

Zu Beginn der kalten Jahreszeit gräbt sich die Schildkröte ein. Wie alle Reptilien verfällt sie in Kälte- oder Winterstarre. Allerdings ist sie frostempfindlich. Temperaturen unter dem Gefrierpunkt erträgt sie nicht.

Schildkröten uralt und überall zu Hause

Die Schildkröten sind ein uraltes Tiergeschlecht. Ihr Stamm lebt seit 260 Millionen Jahren auf der Erde. Schon in der Steinkohlenzeit trugen sie einen knöchernen Panzer. Während ihre Verwandten, die Saurier, ausstarben, haben sie überlebt.
In unserer Heimat gibt es nur eine einzige Schildkrötenart. Es ist die Europäische Sumpfschildkröte, die an sumpfige Gewässer gebunden ist. Sie steht bei uns vor dem Aussterben.

Sonst, besonders in den warmen Ländern, weisen diese Tiere einen großen Artenreichtum auf. Sie sind ebenso Bewohner des Festlandes, wie der Flüsse und Ströme oder des Meeres. Gerade die Meeresschildkröten werden wegen ihres wohlschmeckenden Fleisches so stark gejagt, daß auch sie bald verschwinden werden. Die Größe der Schildkröten schwankt zwischen markstückgroßen bis zu mehreren Zentner schweren Tieren (Riesenschildkröten). Auf diesen kann man sogar reiten.

Dein Freund – die Schildkröte

Viele Kinder halten zu Hause Schildkröten, meist die Griechische Landschildkröte oder andere Arten im Terrarium oder Aquarium. Eigentlich sollte man bei uns gar keine Schildkröten züchten. Nur bei fachmännischer Pflege können sie sehr alt werden. Meist sterben sie zwei bis drei Jahre lang einen langsamen Tod.
Schildkröten dürfen nicht in eine Obstkiste eingesperrt bleiben. Sie wollen laufen, quer durch die Wohnung marschieren, noch lieber aber den Sommer in einem Gartengehege verbringen. Unser kühles Klima setzt ihnen sehr zu. Sie zeigen kaum Freßlust und werden krank, ohne daß wir es merken. Besonders notwendig wäre ein elektrischer Wärmestrahler oder eine geheizte Steinplatte. Dann können sie besser gedeihen.

Riesenschildkröte

Auch bei der Fütterung werden Fehler gemacht. Salat hat praktisch keinen Nährwert. Löwenzahnpflanzen, Bohnenblätter, Obst, besonders überreif gewordene Bananen oder Gemüsereste sind besser. Gelegentliche Gaben von Rindfleischstückchen, Hunde- oder Katzenfutter aus der Dose nehmen sie gerne. Gib ihnen keine Milch, sie erzeugt Durchfall! Beim Zoohändler gibt es Kalk- und Vitaminpräparate, die unbedingt zugefüttert werden müssen. Dort sind auch Pflegeanleitungen erhältlich. Wenn du alles richtig machst, so überlebt dich dein Pflegling, soweit es sich um eine Riesenschildkröte handelt, sicherlich.

Eine Warnung

Wer weder Zeit noch Lust hat, Tiere zu pflegen, darf auch keine Tiere halten und erst recht kein Terrarium anlegen. Auch muß man sich erst das nötige Wissen aneignen. Dafür gibt es in jeder Zoohandlung billige Anleitungen zu kaufen. Man darf auch nicht wahllos Tiere in ein Terrarium oder Aquarium einbringen, weil es auch unter Tieren „Freunde" und „Feinde" gibt. Wer Freude an einem kleinen Stück „nachgeformter" Lebenswirklichkeit haben und die Tiere vor Schaden bewahren will, muß voraus das Einzel- und Artverhalten der Tiere kennenlernen.

Denk- und Arbeitsanregungen

1. Erkunde, wie man ein Schildkrötengehege für den Garten baut! Denke daran, daß Schildkröten graben und klettern können.
2. Jeden Sommer fahren viele deiner Bekannten nach Griechenland oder in andere südliche Länder. Erfrage, ob sie „Schildkrötenerlebnisse" hatten. Schreibe auf!
3. Der Mensch fängt manche Schildkrötenarten. Stelle eine Liste auf und begründe! Dazu muß das Lexikon verwendet werden.
4. Überlege, welche Tierarten den Schildkröten gefährlich werden können!
5. Erfrage bei deinen Bekannten oder beim Zoohändler, wie Schildkröten überwintert werden! Schreibe dazu eine kleine „Gebrauchsanweisung" nieder!

■ **Diese Begriffe kennen wir jetzt**

Panzer – Knochenplatten – Hornschuppen – Gartengehege

Wir wissen

▶ ob Schildkröten Kröten sind oder nicht,
▶ wie der Schildkrötenpanzer gebaut ist,
▶ warum Schildkröten nicht fliehen wie andere Tiere,
▶ wo die Heimat der Schildkröten ist,
▶ wie die einzige bei uns lebende Schildkröte heißt,
▶ warum Schildkröten bei uns so leicht sterben,
▶ womit man Schildkröten in der Gefangenschaft füttert,
▶ wie Schildkröten überwintern,
▶ was man sich kaufen sollte, bevor man Schildkröten hält oder gar züchtet.

Haben Menschen und Schildkröten die gleichen Körpertemperaturen?

 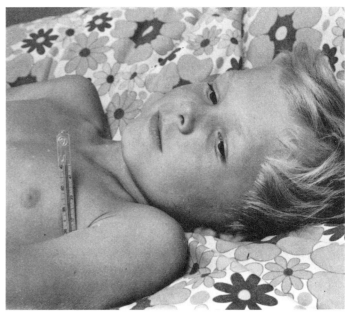

Auftrag:

Miß deine eigene Temperatur in der Achselhöhle! Miß die Temperatur einer Schildkröte, wie es auf dem Bild gezeigt wird. Gib acht, daß das Tier nicht verletzt wird!

Notiere:

Uhrzeit	Lufttemperatur	Mensch	Schildkröte
6.00			
10.00			
14.00			
16.00			
18.00			

Am besten werden die Ergebnisse, wenn sich die Schildkröte im Freien befindet, möglichst an einem zwar sonnigen, aber kühlen Sommertag.

Die Skala wird dir zeigen, daß deine Temperatur fast gleich bleibt, während sich die Temperatur der Schildkröte der Umgebungstemperatur anpaßt. Das gleiche Ergebnis hätte auch der Temperaturvergleich zwischen Hund und Schildkröte, bzw. einem Vogel mit der Schildkröte gezeigt.

Die Wechselwarmen und die Gleichwarmen

Vögel, Säugetiere und Mensch sind gleichwarm. Ihre Körpertemperatur ändert sich nicht, ob man diese in der heißen Zone oder im Norden im ewigen Eis mißt.

Die Wechselwarmen hingegen nehmen die Temperatur der umgebenden Luft, der Steine, auf denen die Tiere ruhen, der Erde, in der sie leben, oder des Wassers, in dem sie schwimmen, an. Wechselwarm sind die Stämme der Reptilien, der Fische, der Lurche, der Insekten, der Schnecken, Muscheln, der Würmer und anderer niederer Tiere. Von der Körpertemperatur der Wechselwarmen hängt auch die Bewegungsfähigkeit ab.

Die Wechselwarmen entfalten ihr volles Leben erst bei genügend hoher Umgebungstemperatur, wobei es je Art bestimmte „Vorzugstemperaturen" gibt, was man sofort versteht, wenn man daran denkt, daß auch unsere Forellen, die im nicht gerade „warmen" Quellgebiet von Bächen und Flüssen „zu Hause" sind, zu den Wechselwarmen zählen. Je kühler die Umgebungstemperatur wird, desto langsamer werden die Bewegungsabläufe bis zur völligen Erstarrung. Daher suchen viele Wechselwarme Verstecke auf, die sie nur verlassen, wenn es warm genug geworden ist.

Die Gleichwarmen ändern ihre Temperatur nur unter besonderen Bedingungen: So steigt die Temperatur bei Anstrengungen oder Erkrankungen. Das ist das Fieber. 41°–43° C sind die höchsten Temperaturen. Darüber hinaus müssen alle Gleichwarmen sterben. Fällt die Körpertemperatur auf wenig über 20° C, so tritt ebenfalls der Tod ein. Allerdings gibt es unter den Säugetieren und Vögeln einige Ausnahmen.

Denk- und Arbeitsanregungen

1. Gruppenarbeit: Der Gruppensprecher diktiert Tiernamen, wie sie ihm gerade einfallen. Ihr sollt sie in einer Liste ordnen!

Gleichwarme	Wechselwarme
Fuchs	Pfauenauge

2. Im Tierlexikon kannst du erforschen, welche Körpertemperatur andere Gleichwarme haben, etwa der Elefant u. a. Lege eine Liste an!

■ **Diese Begriffe kennen wir jetzt**

Wechselwarme – Gleichwarme – Körpertemperatur – Umgebungstemperatur – Fieber

Wir wissen

▶ was man unter Gleichwarmen versteht,
▶ was man unter Wechselwarmen versteht,
▶ welche Tierstämme gleichwarm sind,
▶ welche Tierstämme wechselwarm sind,
▶ welche Temperatur die Wechselwarmen jeweils annehmen,
▶ wann die Gleichwarmen ihre Temperatur ändern,
▶ wann die Wechselwarmen ihr volles Leben entfalten,
▶ wovon die Beweglichkeit der Wechselwarmen abhängig ist.

Die Gleichwarmen haben es schwerer

Ein Musterbeispiel für die Anpassung an Kälte!

Wenn heute ein Haus gebaut wird, so sorgt der Bauherr dafür, daß im Winter möglichst wenig Wärme verloren geht. Er baut verschiedenes Isoliermaterial ein.

Ein nacktes gleichwarmes Tier könnte kühle Sommernächte nicht ohne Schaden überstehen und schon bei wenigen Graden über Null würde das Tier an Unterkühlung sterben.

Daher tragen alle Gleichwarmen einen Kälteschutz, der die Wärme im Körper festhält.

Drei Möglichkeiten hat die Natur entwickelt:
– Fellkleid
– Fettschicht
– Federkleid.

Es gibt auch doppelte Wärmeisolierung. Der Sommer und ein Teil des Herbstes bringen den Tieren ein reiches Nahrungsangebot. So entsteht neben dem viel dichteren Winterfell auch eine Fettschicht, die ebenfalls vor Kälte schützt und gleichzeitig Reservefett für den Winter bereithält.

Reh im Winter

Reh im Sommer

Das Fellkleid, das die Säuger fast ausnahmslos tragen, ist sehr dicht bei den Tieren des Nordens, dünn dagegen bei den Tieren der heißen Länder.

Die große Familie der Wale trägt kein Haarkleid. Die Tiere haben dafür eine sehr dicke Speckschicht unter der Haut. Diese Wärmeisolierung ermöglicht ihnen, in Polargewässern zu leben. Fett ist ein sehr schlechter Wärmeleiter.

Die Vögel, nahe Verwandte der Reptilien, haben bei ihrer Entwicklung die Feder als Kälteschutz erhalten. Wie die Säugetiere, die die Haare zweimal im Jahr wechseln, so wechseln auch die Vögel ihr Federkleid (Mauser). Winterpelz und Wintergefieder sind viel dichter. Enthält der Winterpelz mehr Unterhaare, so ist die Zahl der Flaumfedern im Wintergefieder größer. Säugetiere und Vögel können „Haare sträuben", bzw. sich aufplustern. Dabei wird mehr Luft eingeschlossen und eine bessere Wärmeisolation erreicht. Auch die Vögel legen sich bei dem reichen Nahrungsangebot im Herbst, wie die Säuger, eine Fettschicht zu.

Ein Thermostat im Gehirn

Der Thermostat, der die Körpertemperatur bei den Gleichwarmen aufrechterhält, ist ein Teil des Gehirns. Durch einen besonderen Stoff, ein Hormon, steuert dieser Gehirnteil den Stoffwechsel im Körper. An kalten Tagen brauchen die Gleichwarmen mehr Nahrung als zur heißen Sommerszeit. Das gilt auch für den Menschen. Die Eskimos im amerikanischen Polarbezirk verzehrten rohes Fett und rohes Fleisch von ihren Beutetieren (Name!), um die Wärme

aufrecht erhalten zu können. In warmen Ländern kommt man dagegen oft mit Obst aus. Wird das Gehirn unterkühlt, so bricht der Wärmehaushalt im Körper zusammen. Die Folge davon ist der Tod.

Der Mensch und einige Haustiere haben kein richtiges Haarkleid mehr

Der Mensch und eine Reihe seiner Haustiere haben ganz oder teilweise das Haarkleid verloren. Dies ist eine Anpassung an das Leben im Haus, im Stall. Besonders stark ist diese Erscheinung beim Hausschwein und beim Nackthund. Beide Tiere könnten in der Wildnis nicht mehr leben. Die Nackthunde stammen allerdings aus dem heißen Südamerika.

Der Mensch hat sich zu helfen gewußt. Um sich vor Unterkühlung zu schützen, benützt er schon seit eh und je die Felle seiner Beutetiere, dazu aber auch Tierhaare und Pflanzenhaare, um sich Kleider herzustellen, die ihn warm halten. Wenn es kalt wird, ziehen wir uns dicker an, wir verstärken die Wärmeisolation.

Warum Winterpelze wertvoller sind

Ein Fell ist erst nach dem Haarwechsel zum Winter warm und schön. Die Pelze, auf die die Frauen stolz sind, stammen nicht selten von Tieren aus den kalten Gebieten der Erde. Auch Pelztierfarmen werden in gemäßigten, bzw. kalten Gebieten angelegt, da dort die Pelze besser werden. Pelze aus heißen Ländern sind nur Schmuckstücke. Durch die Pelztierjagd sind eine Reihe von Tierarten fast ganz ausgerottet worden.

Hermelin im Winterfell

Hermelin im Sommerfell

Der Haarwechsel zum Winterfell geschieht bei den Säugern ziemlich unauffällig. Bei der Mauser der Wasservögel sind viele Arten für Wochen flugunfähig (Enten).

Menschliche Habsucht vernichtet die Wale

Obwohl heute schon fast ausgestorben, werden die großen Walarten immer noch von Japan und der Sowjetunion gejagt. Ihr Fett dient der Margarineerzeugung, ihr Fleisch der Herstellung von Kraftfuttermitteln. Weltweit bemüht man sich heute, den größten Säuger der Erde zumindest für eine Zeit ganz unter Schutz zu stellen. Ob das wohl gelingt?

Denk- und Arbeitsanregungen

1. Stelle eine Tabelle auf, die zeigt, wie das Fell der Tiere verwendet wird!

Tier	Verwendung des Felles
Ziege	Bettvorleger, Ziegenleder (Handschuhe)

Benütze dazu das Lexikon!
2. Versuche herauszubringen, in welchen Fällen der Mensch dem Kältetod ausgesetzt ist!
3. Vergleiche die Bekleidungsunterschiede in nördlichen und südlichen Ländern!
4. Die Pelze tragen oft andere Namen als die Tiere. Versuche einiges zu erfahren!

5. Suche mit bloßem Oberkörper ein kaltes Zimmer auf! Beobachte, wie die „Gänsehaut" erscheint! Mache dir Gedanken, warum das so ist!

■ Diese Begriffe kennen wir jetzt

Unterkühlung – Wärmeisolation – Speckschicht – Wärmeleiter – Mauser – Thermostat – Hormon – Wärmehaushalt – Pelztierjagd – Pelztierfarm

Wir wissen

► wo die Temperatur bei Gleichwarmen zentral geregelt wird,
► wie sich die menschliche Ernährung in der kalten und in der warmen Zone voneinander unterscheidet,
► welche Tiere das Haarkleid ganz oder teilweise verloren haben,
► welche Möglichkeiten des Wärmeschutzes die Natur bei den Tieren entwickelt hat,
► wie sich der Mensch gegen Unterkühlung schützt,
► wie sich das Fell im Sommer und Winter voneinander unterscheidet,
► daß durch die Pelztierjagd viele Tierarten ausgestorben sind oder aussterben,
► daß Säugetiere und Vögel ihr Haar- bzw. Federkleid im Frühling und im Herbst wechseln,
► wie Säugetiere und Vögel ihren Wärmeschutz verbessern können.

Eichhörnchen halten Winterruhe

Schmetterlinge überleben durch Winterstarre

Zugvögel weichen vor Kälte und Nahrungs-mangel in wärmere Länder aus

Aus welchen Gründen ist der Winter die gefährliche Zeit für das Leben?

Der Winter ist für viele Tiere, aber auch für die Pflanzen eine gefährliche Zeit. Die bei uns lebenden Tiere haben alle eine oder mehrere Formen der Anpassung an die Kälte und Nahrungslosigkeit während der kalten Jahreszeit entwickelt, um überleben zu können. Die drei Bilder weisen auf Lebewesen hin, die in jeweils besonderer Art und Weise sich vor Kälte, Nahrungsmangel bzw. fehlender Nahrung schützen.

Die Winterruhe

Winterruhe und Winterschlaf werden oft miteinander verwechselt. Viele Tierarten bauen sich ein warmes Winternest. Sie legen sich dazu auch ein oder mehrere Vorratslager an. Neben der Kälte ist der Mangel an Nahrung oft die größere Gefahr. Für diese Art zu überwintern, ist das Eichhörnchen ein Mustertier. Es verläßt während der kalten Tage erst nach längerer Ruhe das Schlafnest und stillt den Hunger in einem seiner vielen Nahrungsverstecke. Immer wieder ist es auf der Suche zu beobachten. Die vielfach auch einzeln versteckten Eicheln und Nüsse werden dabei nicht selten vergessen. So keimt dann im Frühling ein „Eichhörnchenbaum".

Welches sind echte Winterschläfer?

Einige Säugetierarten fallen mit Beginn der Frostperiode in einen Kälteschlaf, aus dem sie erst im Frühling bei entsprechender Erwärmung erwachen. Das Wärmeregulationszentrum im Gehirn wirkt, wenn es draußen kälter wird, auf verschiedene Drüsen im Körper ein. Dadurch wird der Nahrungsverbrauch, die Verdauung, ja der ganze Blutkreislauf herabgesetzt, d. h. das Tier braucht kein Futter mehr, verdaut nicht und das Blut fließt nur noch langsam durch die Adern. Es sind meist Pflanzenfresser und Insektenjäger, die im Winter kaum mehr Ernährungsmöglichkeiten haben. Bei Temperaturen zwischen 18° C und 14° C fallen sie in Winterschlaf. Dabei wird das Leben im Körper auf äußerste Sparsamkeit geschaltet. Ein Murmeltier kommt mit 2 bis 4 Atemzügen pro Minute aus. Seine Körpertemperatur fällt von etwa 38° C auf etwa 5° C. Das Herz, das normalerweise etwa 120 Schläge in der Minute macht, schlägt noch vier- bis fünfmal. Der Fettvorrat unter der Haut und die geringe Sauerstoffaufnahme genügen, um die niedrige Körpertemperatur aufrechtzuerhalten.

Die eingebaute Sicherung

Da Winterschläfer in tiefen Schlaf verfallen, wäre die Gefahr groß, daß sie bei plötzlich sinkenden Temperaturen von zu großer Kälte überrascht werden und sterben, wenn sie unter etwa 5° C abkühlen. Da hat die Natur eine Sicherung „eingebaut". Sinkt die Temperatur

Hamster

Murmeltier

Igel

Sie alle sind echte Winterschläfer

So überwintern sie!

zu tief, so erwacht das Tier. Seine Körpertemperatur steigt wieder an und das Erfrieren ist verhindert. Allerdings darf der Winterschlaf nicht zu oft unterbrochen werden, sonst sind die Fettreserven im Körper zu schnell aufgebraucht. Der während des Sommers und des Herbstes angesetzte Winterspeck reicht meist aus, die wiederkehrende Wärme im Frühling zu erreichen. Der Winterschläfer kommt dann völlig abgemagert aus seinem Bau.

Fledermäuse ziehen sich im Herbst in Überwinterungshöhlen zurück, in denen den ganzen Winter über nicht mit Frost zu rechnen ist.

Eine andere Form der Anpassung ist die Kältestarre

Viele Insekten überstehen den Winter als Ei ohne besonderen Schutz, aber auch als Raupe oder als vollentwickeltes Insekt. Viele Insekten ertragen 20 bis 30 Grad Kälte, manche Arten sogar bis −40 Grad. Daher haben es Insekten nicht nötig, sichere Winterverstecke aufzusuchen. In Spalten zwischen Brettern, unter Rindenteilen, unter Blättern usw. sind sie sicher genug. In einem milden Winter wachen Insekten leicht aus ihrer Winterstarre auf. Dabei verbrauchen sie ihr Vorratsfett und gehen dann infolge Nahrungsmangel zugrunde. In einem harten Winter ist dies nicht der Fall. Daher sind normale Winter für Insekten weit günstiger als zu milde.

Lurche, Fische und Reptilien verfallen ebenso wie die Insekten in eine Kältestarre. Auch sie bauen kein Winternest, suchen aber geschützte Plätze auf. (Vergleiche Eidechsen S. 66!)

Fische vergraben sich zum Teil im Schlamm ihrer Wohngewässer, oft gemeinsam mit den Fröschen. Ist das Wasser tief genug, sind sie dort vor Frost sicher. Verschiedene Fischarten (Forelle) bleiben in leichter Bewegung, solange es die Wasserabkühlung zuläßt. Sie gehen daher leicht an Sauerstoffmangel im zugefrorenen Gewässer zugrunde. Daher schlägt der Fischer Löcher in das Eis und hält diese während der Frostperiode offen. Auch bei den Fischen genügt das angesammelte Körperfett, um die nahrungslose Zeit zu überstehen.

Schnecken vergraben sich im Herbst und ziehen sich dann in ihr Haus zurück. Ein Deckel aus einer erhärteten Schleimschicht, bei der Weinbergschnecke zusätzlich ein Kalkdeckel, verschließt ihr Haus. Erst bei entsprechender Wärme wird der Deckel abgestoßen. Die Schnecke verläßt dann ihr schützendes Versteck in der Erde.

Würmer und andere Wirbellose graben sich im Herbst tief ein, bis in Erdschichten, wo sie der Frost nicht erreichen kann.

Auch Pflanzen stellen sich auf den Winter ein!

Rosettenbildung: Jetzt, im Spätherbst, kannst du die Pflanzen der Wiese und Weide und die des Wegraines in ihrem Winterkleid kennenlernen. Die hohen Blütenstengel sind verschwunden. Am Rain, wo nicht gemäht wurde, sind sie braun und dürr geworden und abgestorben. Am Boden aber entdeckt man kleine Blättchen eng angeschmiegt: die Blattrosetten.

Rosetten von Wegerich und Gänseblümchen

Rotfärbung: Die Vermutung ist falsch, daß Gelb und Rot nur die Farben des herbstlichen Waldes sind. Auch eine Reihe von Wiesenpflanzen zeigen die Rotverfärbung. Es sind aber gerade die Blattrosetten und nicht die absterbenden Sommerblätter, die diese Verfärbung zeigen. Man hat lange nach dem Grund dafür gesucht. Pflanzenkundige nehmen heute an, daß die roten Farbstoffe in den Blättern den Zutritt des Lichtes zum Blattgrün verwehren. Damit wird die Pflanze während des „Altweibersommers" und in den Tagen danach, die manchmal noch recht warm sein können, am Wachstum gehindert. Die Rotfärbung verschwindet rasch im zeitigen Frühjahr.

Denk- und Arbeitsanregungen

1. Gruppenarbeit: Stellt Listen von Winterruhern, Winterschläfern, von in Kältestarre liegenden Tieren und von Ausweichlern auf! Ausweichler gibt es auch unter den Säugetieren. Ein Lexikon hilft dabei.
2. Versuche eine Liste von Tieren aufzustellen, die Nahrungsvorräte anlegen!
3. Suche im Garten nach überwinternden Insekten! Du findest sie zwischen Brettern, unter der Rinde von Bäumen und ähnlichen Plätzen, wo sie vor dem Gefressenwerden einigermaßen sicher sind.
4. Untersuche mit der Taschenlampe auch das Hausdach, die Scheune und ähnliche Orte! Bringe aber gefundene Tiere nicht in die Wärme!
5. Zwei Schüler finden jeweils zu Hause auf ihren Dachböden Schmetterlinge. Wer ist der bessere Tierschützer, der, der sie auf dem Dachboden in der Kälte läßt, oder der, der sie in die warme Stube bringt? Begründe!

■ **Diese Begriffe kennen wir jetzt**

Winterruhe – Winterschlaf – Kältestarre – Fettreserven – Winterspeck – Überwinterungshöhlen

Wir wissen

▶ warum einzelne Tierarten in Winterschlaf fallen,
▶ wie der Körper des Winterschläfers auf Sparsamkeit geschaltet wird und warum das so ist,
▶ bei welchen Gegebenheiten bei manchen Winterschläfern der Tod eintritt,
▶ welche die höchste Form der Anpassung an den Winter ist,
▶ wie tief die Temperaturen in der Kältestarre fallen können, ohne daß manche Tiere geschädigt werden,
▶ wo Lurche, Fische und Reptilien überwintern (vgl. auch mit Eidechsen Seite 63),
▶ wie Insekten und andere wirbellose Tiere Schutz vor dem Winter suchen,
▶ welcher Unterschied zwischen Winterruhern und Winterschläfern besteht,
▶ welche Veränderungen sich im Tierkörper vollziehen, wenn der Winterschlaf eintritt,

Sind alle Rätsel des Vogelzuges gelöst?

Sie rüsten zum Zug (Schwalben)

Ziehende Säuger (Büffel)

Jeder weiß, daß mit Beginn des Herbstes ein Großteil unserer Brutvögel zum Zug in wärmere Länder aufbricht. Sie sind Insektenfresser oder nähren sich von anderen Kleintieren, wie Frösche, Mäuse und ähnlichem. All diese Nahrungstiere sind im Winter nicht zu haben. Da Vögel nicht die Winterschlafanpassung entwickelt haben, müßten sie bei uns verhungern. Auch Greifvögel weichen dem Schnee, der sie von ihrer Nahrung absperrt, aus.

Der Wanderdrang ist den Vögeln angeboren. Selbst Käfigvögel werden zur Zugzeit unruhig, flattern im Käfig umher und stoßen sich nicht selten den Kopf wund. Die Fähigkeit, Tausende von Kilometern zurückzulegen, den besten Weg zu finden und im Frühjahr wieder zum alten Nest zurückzukehren, ist ihnen angeboren. Dieser wunderbare Orientierungssinn der Vögel ist noch lange nicht ganz geklärt.

Die Erforschung des Vogelzuges

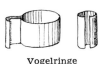

Vogelringe

Die Erforschung des Vogelzuges brachte eine Menge von Tatsachen ans Licht. Vogelkundige in aller Welt streifen den Nestjungen einen Ring über den Fuß, der durch eine Nummer gekennzeichnet ist. Stirbt nun ein Vogel auf dem Zug, so wird der Ring durch den Finder an eine Vogelwarte zurückgesandt. Viele Meldungen sind im Verlauf von fast hundert Jahren zusammengekommen. So wurden richtige „Vogelzugstraßen" entdeckt. Außerdem wissen wir, wo unsere Sänger den Winter verbringen. Die beiden Vogelwarten in Radolfzell am Bodensee und die Vogelwarte Helgoland sind weltbekannt. Eine Menge Rätsel bleiben aber immer noch ungelöst.

Aber auch Säugetiere treten winterbedingte Wanderungen an. Sie entfliehen weniger der Kälte als dem Futtermangel. So zogen früher die nordamerikanischen Büffel (Bison) vor Winterbeginn nach Süden in die wärmeren Teile der Prärie und kehrten im Frühling mit der Schneeschmelze wieder nach Norden zurück. Auf ihren Wanderwegen jagten sie die Indianer. Der Büffel gab ihnen Fleisch, Leder, Felle, Knochen, kurz: fast alles, was sie zum Leben in der Wildnis brauchten. Nach der Ausrottung der Büffel durch gewinnsüchtige Weiße fehlte den Prärieindianern die bedeutendste Lebensgrundlage.

1. Die Karte zeigt dir die hauptsächlichen Zugstraßen unserer Vögel. Beschreibe ihren Weg anhand der Karte!

2. Stelle eine Tabelle auf (Gruppenarbeit!)

Zugvögel	Teilzieher	Standvögel

Ergründe, was die drei Gruppen als Nahrung brauchen!

3. Auch die Rentiere im hohen Norden Europas vollziehen Wanderungen. Schlage im Lexikon nach! Fertige eine kleine Niederschrift!

■ Diese Begriffe kennen wir jetzt

Insektenfresser – Winterschlafanpassung – Wanderdrang – Zugzeit – Orientierungssinn – Vogelring – Vogelzugstraße

Wir wissen

▶ welche beiden Gründe die Vögel veranlassen, auf ihre weite Reise zu gehen,

▶ ob der Wanderdrang angeboren oder erlernt ist,

▶ ob die Fähigkeit, den Weg zu finden (Orientierungssinn), erlernt oder angeboren ist,

▶ ob Säugetiere auch Wanderungen unternehmen.

Gibt es Leben ohne Wasser?

Pflanze und Tier sind vom Wasser abhängig. In Wüstengebieten kann sich kaum Leben entfalten. Fehlt in den Steppengebieten Afrikas und Indiens einmal auf lange Zeit der Regen, so führt dies zu furchtbaren Hungersnöten, weil Pflanzen nicht mehr wachsen, Tiere kein Wasser mehr zur Verfügung haben. Selbst in den gemäßigten Zonen der Erde (z. B. Mitteleuropa) ist das Pflanzenwachstum und damit der Ernteertrag von dem Maß und der Verteilung der Frühjahrs- und Sommerregenfälle abhängig.

Mensch und Tier kommen mitunter zwei bis drei Wochen ohne feste Nahrung aus. Fehlt das Wasser, dann endet ihr Leben meist schon nach einigen Tagen.

Denk- und Arbeitsanregungen

1. Wiege einen Salatkopf und trockne ihn dann so lange, bis sich die Blätter zerreiben lassen! Stelle nun den Gewichtsunterschied fest! Sprich dazu!

2. Wiederhole den Versuch mit einer Pflanze, die teilweise verholzt ist!

3. Man bezeichnet Wasser als Lösungs- und als Transportmittel. Begründe!

Erschlaffte Buntnessel

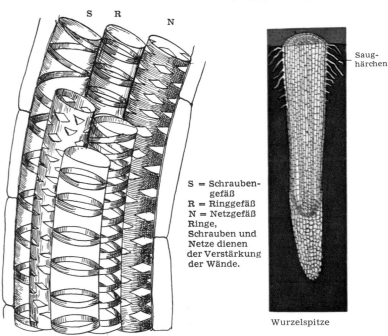

S = Schrauben-
    gefäß
R = Ringgefäß
N = Netzgefäß
Ringe,
Schrauben und
Netze dienen
der Verstärkung
der Wände.

Saug-
härchen

Wurzelspitze

Leitbündel einer Pflanze

4. Die Trocknung von Pflanzen ist ein Mittel, diese haltbar zu machen. Bei welchen Lebens- und Genußmitteln benützt man diese einfache Technik zur Konservierung? Schreibe nieder!

Wasser verleiht der Pflanze ihren aufrechten Wuchs

Die Pflanze besitzt, in den Wurzelspitzen beginnend und in den Sproßspitzen endend, feinste Röhrchen, die Gefäße. In ihnen steigt das Wasser aus dem Boden auf bis zu den höchsten Blättern.
Versuch: Zweig vom Fleißigen Lieschen im unteren Teil entblättern und in Eosinlösung stellen! Nun kann beobachtet werden, wie die Eosinlösung im Stengel aufsteigt. Durch Beföhnen der Blätter kann dieser Vorgang beschleunigt werden.

Die Wasserverdunstung

Jeder weiß, daß Wasser um so schneller verdunstet, je heißer, je trockener und windiger es ist. Die Wasserverdunstung aus der Pflanze geschieht meist durch die Spaltöffnungen, weniger direkt durch die Blattoberhäute. Bereits vor dem Welken schließen sich die Spaltöffnungen. Die weitere Verdunstung wird damit stark herabgesetzt.

Das Wasser als Transportmittel

Der Versuch mit der Eosinlösung hat bewiesen, daß das Wasser allerlei Stoffe transportieren kann. Im Boden sind die Nährstoffe der Pflanzen im Bodenwasser gelöst. Mit dem Wasser nehmen die Wurzeln auch gleich die Nährstoffe auf.

Was verleiht dem Pflanzengewebe die Festigkeit?

Wie das Bild der Taubnessel zeigt, fällt eine krautige Pflanze in sich zusammen, wenn sie nicht genügend Wasser bekommt. Durch die Verdunstung sinkt der Druck in jeder Zelle. Bringt aber das Leitungssystem der Pflanze wieder neues Wasser, etwa nach einem Regen, so wird der Wasserverlust in den Zellen aufgefüllt. Damit kann sich die Pflanze wieder aufrichten.

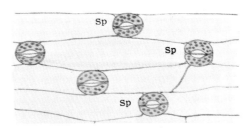

Spaltöffnungen
in der Blattoberhaut
der Schwertlilie

1. Der Wurzeldruck.

Dazu kannst du einen Versuch machen:
Verschließe ein Reagenzglas mit einem durchbohrten Korken! Befestige in der Öffnung eine Kapillarröhre (Haarröhrchen)! Das Wasser im Reagenzglas sollte mit einem Farbstoff, etwa Kaliumpermanganat, angefärbt sein. In der Röhre steigt das Wasser von selbst bis in eine gewisse Höhe. Je dünner die Kapillare ist, um so besser gelingt der Versuch. Wurzeldruck ist im Frühjahr, aber auch bei sehr hoher Luftfeuchtigkeit von besonderer Bedeutung.

2. Die zweite wichtige Kraft, die den Wassertransport im Baum besorgt, ist der Verdunstungssog. Wenn Zellen Flüssigkeit durch Verdunstung verloren haben, entziehen sie den Nachbarzellen Wasser, bis schließlich die Gefäße erreicht sind. Hier entsteht durch Wasserentzug ein Unterdruck (zugleich Saugkraft), der das Wasser in den Gefäßen nach oben zieht. Das geht nicht so schnell. Daher welkt manche Pflanze, ohne daß zunächst Wassermangel besteht. Sie braucht nur stark von der Sonne bestrahlt zu werden.

■ **Diese Begriffe kennen wir jetzt**

Wüstengebiet – Gefäß – Saughärchen – Spaltöffnung – Turgor – Schließzellen – Wurzeldruck – Kapillare – Verdunstungssog

Wir wissen

► daß bestimmte Gebiete der Erde wegen ihrer Trockenheit lebensfeindlich sind,
► daß Wasser der Hauptbestandteil von Pflanzen ist und wie man dies beweisen kann,
► daß die Pflanze ein Wasserleitungssystem besitzt und wie die Leitungsröhren heißen,
► womit das Wasser aus dem Boden aufgenommen wird,
► daß zwei Kräfte den Wassertransport besorgen,
► wo die stärkste Verdunstung aus der Pflanze erfolgt,
► warum Pflanzen welken,
► welche Schutzwirkung das Welken hat,
► was geschieht, wenn sich die Pflanze wieder „erholt",
► ob Wasser auch verschiedene Stoffe transportieren kann,
► wie die Pflanze ihre Nährstoffe aus dem Boden aufnimmt.

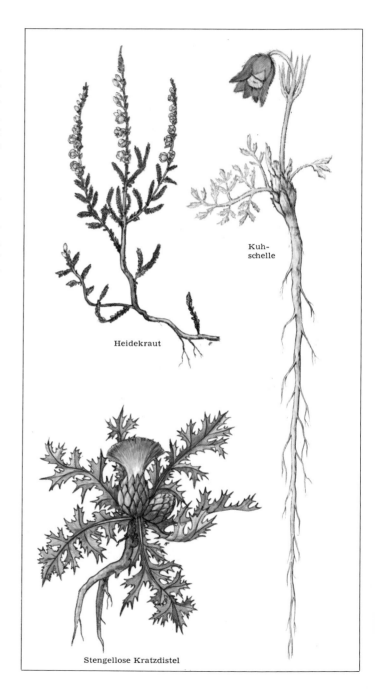

Heidekraut

Kuh-schelle

Stengellose Kratzdistel

Trockene Hänge verlangen besondere Anpassung

Viele Trockengebietsbewohner haben als Anpassung an ihre Umwelt (Biotop) sehr lange Wurzeln entwickelt. Es sind die Tiefwurzler. Die Kuhschelle wurzelt oft bis zu einem Meter tief im Erdreich. Dort erreicht sie Schichten, die selbst bei größter Trockenheit noch Wasser führen. Damit bleibt wenigstens eine Notversorgung gewährleistet. Zu diesen Trockenheitsspezialisten gehören eine ganze Menge Blumen und Kräuter der Heide. Drei zeigt das Bild der Seite 78.

Herabsetzung der Verdunstung

Manchmal genügen die langen Wurzeln allein nicht, damit eine Pflanze in einer extrem trockenen Umwelt überleben kann, vor allem dann nicht, wenn durch Stengel und Blatt viel Wasser verdunstet wird. Selbst das Schließen der Spaltöffnungen (siehe Seite 77), durch die ja die Hauptverdunstung stattfindet, reicht als Schutz gegen das Austrocknen nicht aus.
Daher haben die Trockenpflanzen eine ganze Reihe von Anpassungen an ihren Lebensbereich entwickelt:

● **Verdicken der Oberhaut** durch Korkbildung und anderen Stoffen, die verdunstungshemmend wirken. Diese Anpassungsform ist hauptsächlich an Stämmen und Zweigen zu beobachten.

Korkbildung ist hier der beste Verdunstungsschutz (Korkeichen)

● **Wachsüberzüge** auf Blättern, Blüten und Früchten. Sie sind eine recht wirksame Sicherung gegen Wasserverlust. Wachsüberzüge schützen hauptsächlich die Frühblütler.
Tulpen, Schneeglöckchen, Narzissen, Hyazinthen, Traubenhyazinten, Goldsterne und viele andere zeigen an der blau bereiften Farbe ihrer Blätter, daß diese von Wachs überzogen sind.
Viele Sommergewächse zeigen auch Wachsüberzüge, so die schön blühenden Lilienarten, die Zwiebelgewächse, aber auch Rotkohl, Weißkohl, Kohlrabi u. a. Auch eine Reihe von Früchten tragen Wachsüberzüge, besonders deutlich die Zwetschge und die Weinbeere. Der graue „Reif" ist leicht abwischbar.

● **Harzüberzüge,** die besonders an Bäumen zu beobachten sind. Sie schützen Knospen und Wunden in der Rinde. Ein Paradebeispiel bietet die bei uns heimisch gewordene Kastanie, deren Knospen dick mit Harz überzogen sind.

● **Behaarung** von Pflanzen als besonders wirksamen Sonnen- und Verdunstungsschutz. Infolge der dichten Behaarung sehen manche Pflanzen hellgrau bis weiß aus (Edelweiß). Zwischen den Haaren bildet sich eine wassergesättigte Luftschicht, die aber vom Luftzug nicht weggetragen wird. Sie verhindert eine weitere Verdunstung, ähnlich wie bei regnerischem Wetter, wenn die Luft mit Wasserdampf gesättigt ist, kein Trocknen möglich ist. Die weißen Haare

Kastanienknospen sind dick mit Harz überzogen

sind abgestorben und ihre Zellen mit Luft gefüllt. So bekommen sie ihren weißlichen Schimmer. Die Behaarung der Blütenteile der linken unteren Pflanze hat dagegen ganz andere Gründe, was leicht zu erraten ist.

Vielfach rollen die Blätter ihre Blattspreiten ein, um nicht die ganze Blattoberfläche dem austrocknenden Luftzug auszusetzen.

● **Bildung immergrüner Blätter.** Diese Blätter, meist an Gehölzen, sind oft klein, haben eine dicke, lederartige Haut und sind auch häufig recht saftarm. Sie sind im Winter der Austrocknung besonders ausgesetzt, da aus dem gefrorenen Boden ja kein Wasser aufsteigen kann. In unserer Heimat gibt es nur wenige immergrüne Pflanzen. Ihre Heimat ist mehr im Süden Europas.

● **Wasserspeichernde Pflanzen.** Sie haben die höchste Anpassung an monatelange, ja oft jahrelange Trockenheit entwickelt. Ein Teil dieser Bewohner der Trockengebiete der Erde, bilden in ihrer Pfahlwurzel wasserspeichernde Zellen aus. So gelingt es ihnen, lange zu überleben, während rings um sie alles Leben erlischt. Die Entwicklung wasserspeichernden Gewebes tritt aber nicht nur in der Wurzel auf. Auch Stamm und Zweige sind oft in mehr oder weniger große Wasserspeicher umgebildet. Wir kennen solche Pflanzen als Kakteen und als Wolfsmilchgewächse. Die kugelige Kakteenform bietet der Verdunstung die kleinste Oberfläche im Verhältnis zum Inhalt. Besonders geschützt gegen die Austrocknung sind die ganz in der Erde steckenden „Lebenden Steine", eine Pflanzengruppe, die in Südafrika zu Hause ist. Speicherorgane können aber auch die Blätter sein. Auf der Heide, an Mauern, selbst an wasserlosen Felsen gedeihen die Mauerpfefferarten und die Hauswurz. Letztere wurde gerne auf niedrigen Dächern ·gehalten. Dort wächst sie auf dem glatten Ziegel, vermehrt sich und blüht sogar. So ausgezeichnet ist ihr Schutz gegen Trockenheit entwickelt.

● **Der Blattfall.** Er ist im Grunde genommen nichts anderes als ein Schutz gegen die gefährliche Austrocknung. Im Winter verhindert der Bodenfrost das Aufsteigen des Bodenwassers. Die Blätter würden infolge des fehlenden Wasser verdorren. Stamm und Rinde am Baum verdunsten nur wenig Wasser und können so den Winter leicht überstehen. In den heißen Steppen, etwa in der Savanne Afrikas, sind die Bäume „sommerkahl". Nach der Regenzeit grünt, blüht und fruchtet die Steppe. Sobald die Hitze beginnt, werden die Bäume kahl. Auch hier ist der Blattfall ein Schutz vor der Trockenheit. Selbst unsere einheimischen Bäume lassen in sehr trockenen Sommern die Blätter fallen.

Denk- und Arbeitsanregungen

1. Zwei abgeschnittene Tulpenstengel können dir die Wirksamkeit des Wachsüberzuges zeigen.
Den einen Stengel reibst du mit einem weichen Tuch vorsichtig ab, bis das Wachs verschwindet! Den anderen läßt du unverändert! Be-

Blüten der Königskerze

Edelweiß

obachte beide Stengel in einer leeren Vase! Sobald einer welkt, gieße Wasser in die Vase und beobachte weiter! Schreibe deine Beobachtungen in einem Protokoll auf!

2. Dasselbe kannst du im Winter mit Äpfeln machen! Einen Apfel reibst du gründlich ab! Beide legst du dann in ein warmes Zimmer! Beobachtungsprotokoll!
Versuchsdauer 10 bis 14 Tage.

3. Betrachte Pflanzenhaare unter dem Mikroskop! Du wirst eine Reihe von verschieden gestalteten Haaren entdecken!

4. Befeuchte zwei Löschblätter! Ein Blatt legst du offen auf die Heizung, das andere Blatt rollst du erst zusammen! Beobachte!

■ **Diese Begriffe kennen wir jetzt**

Tiefwurzler – Verdunstungsschutz – Trockenheitsbewohner – Anpassung – Wachsüberzug – Wasserzufuhr – Harzüberzug – Behaarung – Blattspreite – Wasserspeicher – Blattfall – Bodenwasser.

Wir wissen

▶ welche Anpassung Pflanzen an trockenen Standorten entwickeln,

▶ welche Möglichkeiten Pflanzen zur Herabsetzung der Verdunstung aufweisen,

▶ welche Teile der Pflanze Speicherorgane sein können.

Besenginster entwickelt Rollblätter

Oleander: dicke Blatthäute und wenig Spaltöffnungen

Sie sind hervorragende Wasserspeicher!

81

4. Bautypen und ihre Funktionen

Warum können Fische so schnell schwimmen?

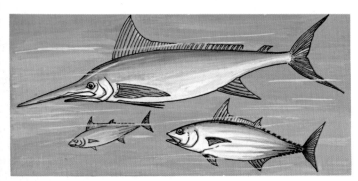

Schwertfisch und Bonito

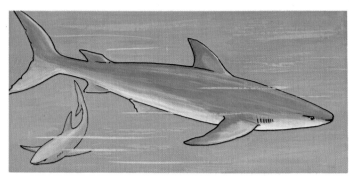

Hai

Geschwindigkeiten von Fischen:
Echter Bonito: bis zu 90 Kilometer pro Stunde (Geschwindigkeitsrekord)
Schwertfisch: bis zu 80 Kilometer pro Stunde (zweitschnellster Fisch)
Hai: 70 Kilometer pro Stunde
Forelle: über 30 Kilometer pro Stunde

Peter Nocke schaffte 1976 bei den Olympischen Spielen in Montreal die 100 Meter Kraul in 51,31 Sekunden (Bronzemedaille, damals Europarekord).
Der Weltrekord über 100 Meter liegt heute bereits unter 50 Sekunden. Das entspricht einer Geschwindigkeit von gut 7 Kilometer in der Stunde.
Wir stellen fest, daß Fische im Vergleich zum Menschen, auch zu Spitzensportlern, besser schwimmen können.
Woran liegt das? Spielt vielleicht der Körperbau der Fische eine Rolle?

Wie der Fisch gebaut ist

Der Fisch hat eine spindelförmige Gestalt, d. h. sein Körper wird nach vorn und nach hinten gleichmäßig schmäler.
Der Fischkörper ist mit einer glitschigen Schleimhaut überzogen. Die Schuppen dieser Haut sind glatt und nach rückwärts gerichtet. Sie decken sich dachziegelartig.

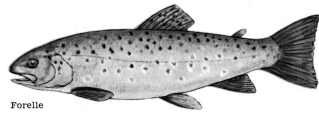

Forelle

Die Wirbelsäule der Fische besteht aus vielen kleinen Wirbeln, die durch dehnbare Fasern miteinander verbunden sind. Fische besitzen weder Schulter- noch Beckengürtel, weder Arm- noch Beinskelett. Zwischen den Muskeln des Leibes liegen die dünnen Gräten, feine Verknöcherungen, die die Festigkeit des Körpers erhöhen. Die Flossen erhalten ihre Festigkeit durch ebenfalls verknöcherte Flossenstrahlen.

Denk- und Arbeitsanregungen

1. Was erfährst du über Körperform, Flossen, Schuppen, Skelett und Gräten des Fisches?
2. Wie bewegt sich der Fisch vorwärts?
3. Inwiefern hat der Fisch eine der schnellen Fortbewegung im Wasser besonders angepaßte Körperform? Werte zur Beantwortung der Frage die Skizzen dieser Seite aus!

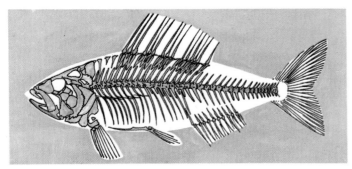

Skelett des Fisches

Wie sich der Fisch fortbewegt

Der Vorwärtsbewegung des Fisches dient die Schlängelbewegung des ganzen Körpers. Starke Muskeln peitschen den Hinterleib mit dem Schwanz hin und her. Das Wasser wird nach hinten gedrückt, und der Fisch schießt vorwärts.

Rücken- und Afterflossen sorgen dafür, daß der Fisch in senkrechter Lage bleibt. Außerdem dienen sie als Seitensteuer. Brust- und Bauchflossen sind die Höhenruder und besorgen die langsame Bewegung, etwa beim Nahrungssuchen.

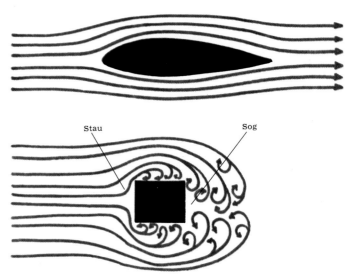

Stau

Sog

Strömungsverlauf bei verschiedenen Körpern

4. Was hat die Technik von der Natur „abgeschaut"? Vergleiche dazu die Körperform des Fisches mit von Menschen geschaffenen Wasserfahrzeugen!

Bewegungsverlauf beim Schwimmen

■ Diese Begriffe kennen wir jetzt

Spindelform – Flossen – Schuppen – Skelett – Gräten – Anpassung

Wir wissen

▶ wie sich Fische fortbewegen,
▶ warum die Körperform der Fische für die schnelle Fortbewegung im Wasser so vorteilhaft ist:

Auch hierin ist der Fisch nicht zu übertreffen!

Will der Mensch längere Zeit unter Wasser bleiben, benützt er eine Taucherausrüstung. Fehlt sie und vor allem der Sauerstoff, der mitgeführt werden muß, dann muß er schon nach wenigen Minuten ersticken.

Der Karpfen z. B. aber lebt immer unter Wasser.

Auch kann er längere Zeit fast bewegungslos im Wasser schweben, ohne zu sinken, obwohl sein Körper so schwer ist, daß sich das Tier gemäß einem physikalischen Gesetz nur am Grund eines Gewässers bewegen könnte.

Das Geheimnis ist schnell geklärt. Der Karpfen besitzt wie viele andere Fische eine Schwimmblase. Sie ähnelt einem doppelten Luftballon und kann von unserem Wassertier mehr oder weniger mit Luft gefüllt werden.

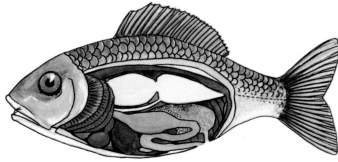

Blick in das Innere

Der Karpfen öffnet ständig sein Maul. Dabei nimmt er Wasser auf. Das Wasser fließt aus der Mundhöhle durch die Kiemen in die Kiemenhöhle. Das Blut der an den Kiemenbögen sitzenden Kiemenblättchen entnimmt dem Wasser den Sauerstoff und gibt Kohlendioxyd ab. Der Sauerstoff wird durch das Blut in alle Teile des Körpers transportiert. Wenn sich der Kiemendeckel öffnet, fließt das Wasser wieder aus der Kiemenhöhle heraus.

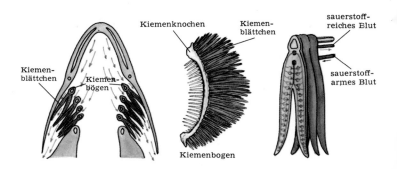

1. Was erfährst du über die Schwimmblase und über die Kiemen des Karpfens? Berichte!
2. Was hat das Sinken und Steigen des Karpfens mit dem Tauchen und Auftauchen eines Unterseebootes zu tun? Sprich zu den nachfolgenden Skizzen!

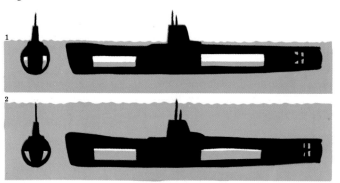

Hinweis:
Ein U-Boot taucht mit wassergefüllten Tanks. Wenn es auftauchen soll, drückt man das Wasser durch Druckluft aus den Tanks.
3. Warum können Fische so gut im Wasser leben?

■ Diese Begriffe kennen wir jetzt

Schwimmblase – Kiemen – Kiemenatmung

Wir wissen

▶ welche Aufgabe die Schwimmblase des Fisches hat,
▶ wie der Fisch atmet,
▶ warum der Fisch dem Leben im Wasser so gut angepaßt ist.

Warum kann sogar der Blauwal so schnell schwimmen?

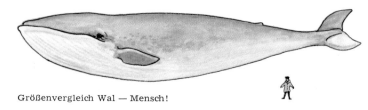

Größenvergleich Wal — Mensch!

Der Blauwal wird über 30 Meter lang und kann ein Gewicht von 150 000 Kilogramm erreichen. Er wiegt etwa so viel wie 30 bis 35 Elefanten. Selbst ein Riesensaurier hatte nur ungefähr $\frac{1}{4}$ des Gewichtes eines ausgewachsenen Blauwals. Seine Zunge wiegt z. B. so viel wie ein Elefant. Um das Herz des Blauwals zu transportieren, braucht man einen 2-Tonnen-Lkw.
Das Walkalb hat bei der Geburt bereits eine Länge von sieben Metern.
Trotz seiner Größe und seines Gewichts kann sich auch der Blauwal im Wasser schnell fortbewegen. Er erreicht eine Geschwindigkeit von 37 Kilometern in der Stunde.

Wie sich ein Säugetier an das Leben im Wasser angepaßt hat

Wale gehören zu den ältesten Säugetieren. Sie stammen von vierfüßigen, auf dem Land lebenden Vorfahren ab. Im Laufe einer langen Zeit haben sie durch das Leben im Wasser eine spindelförmige, fischähnliche Körperform ausgebildet. Auch Vorder- und Hinterbeine haben sich über lange Zeiträume hinweg allmählich umgebildet und dem Leben im Wasser angepaßt. Nach wie vor ist aber der Wal auf die Lungenatmung angewiesen. Deshalb muß er auch immer wieder auftauchen und dabei „Luft tanken".

Skelett des Blauwals

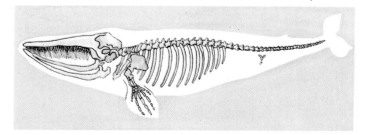

Die Hintergliedmaßen sind bis auf kleine Reste verkümmert. Sie liegen als zurückgebildete Knochen im Fleisch. Die Vordergliedmaßen dienen als Steuerflossen.
Das eigentliche Schwimmorgan des Blauwals ist der in einer waagrechten Flosse endende Schwanz. Mit kräftigen Ruderschlägen treibt er das mächtige Tier schnell vorwärts.

Denk- und Arbeitsanregungen

1. Was erfährst du über die Körperform des Blauwals?
2. Was fällt dir auf, wenn du das Skelett des Blauwals mit dem Skelett des Fisches vergleichst? Sprich darüber!
3. Was kannst du unterscheiden, wenn du das Skelett des Blauwals mit dem Skelett eines landlebenden Säugetieres, z. B. dem des Hundes vergleichst?
4. Inwiefern ist die Körperform des Seehundes und des Delphins für die schnelle Fortbewegung im Wasser vorteilhaft? Du kannst nun auch erklären, warum der Tümmler, der bekannteste Delphin, für kurze Zeit eine Höchstgeschwindigkeit von über 40 Kilometer in der Stunde erreicht!

Seehund

■ Diese Begriffe kennen wir jetzt

Abwandlung – Umbildung

Wir wissen

▶ welche Körperform der Blauwal hat,
▶ wie sich im Verlauf einer langen Zeit die Vorder- und Hinterbeine des Wals dem Leben im Wasser angepaßt haben,
▶ warum sogar der Blauwal schnell schwimmen kann.

Warum können Vögel so gut fliegen?

Flamingos im Flug

Schwalbe beim Anflug auf das Nest

Die Brieftaube erreicht eine Höchstgeschwindigkeit von über 100 Kilometer pro Stunde. Ihre durchschnittliche Zuggeschwindigkeit beträgt etwa 90 Kilometer in der Stunde.

Die Fluggeschwindigkeit der Schwalbe liegt bei 90 Kilometer in der Stunde. Beim Beutefang allerdings kann die Schwalbe kurzzeitig sogar etwa 280 Kilometer pro Stunde erreichen.

Die Rauchschwalbe legt ungefähr 10 000 Kilometer zurück, wenn sie im Herbst in ihr Winterquartier nach Südafrika fliegt.

Der Zugweg der Küstenseeschwalbe beträgt bis zu 17 500 Kilometer.

Was ermöglicht diese erstaunlichen Leistungen?

Vögel haben sich vor vielen Millionen Jahren aus vierbeinigen, eidechsenähnlichen Vorfahren entwickelt.

Die Flügel waren einmal die Vorderbeine. Oberarm, Elle, Speiche, Mittelhandknochen und Fingerknochen sind noch erhalten. Von den ursprünglichen 5 Fingern hat der Flügel nur noch 3. Sie sind dazu noch verkümmert und zum Teil miteinander verwachsen. So ist der Flügel starrer, unbeweglicher und zum Fliegen besser geeignet.

Starke Muskeln, die am Brustbeinkamm angewachsen sind, ermöglichen den Flügelschlag. Die Schwungfedern, die an Ober- und Unterarm (Armschwingen) und an Mittelhand und Fingern (Handschwin-

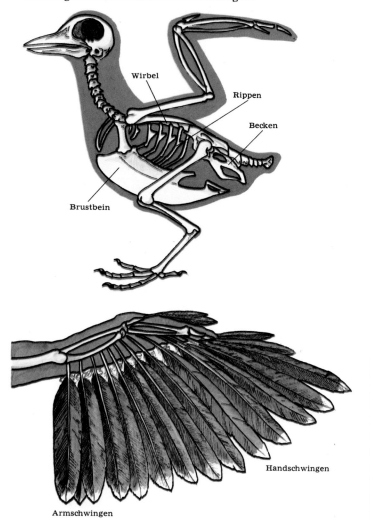

Wirbel

Rippen

Becken

Brustbein

Handschwingen

Armschwingen

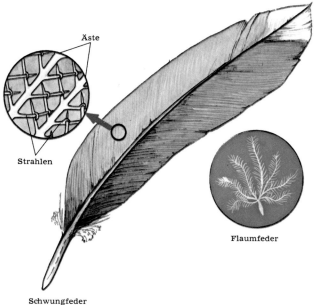

Äste

Strahlen

Flaumfeder

Schwungfeder

gen) sitzen, sind durch kleinere Federn dachziegelartig überdeckt (Deckfedern), so daß eine einheitliche Flügelfläche entsteht.

Besonders gute Flieger besitzen schmale, in die Länge gestreckte Flügel.

Das Gefieder besteht aus kleineren Deckfedern, unter denen sich die weichen Flaumfedern oder Daunen befinden. Beide zusammen schützen den Vogelkörper vor Abkühlung. Die langen Schwanzfedern dienen der Steuerung beim Flug.

Der Vogelkörper ist stromlinienförmig gebaut. Das Federkleid kann immer so angelegt werden, daß alle strömungshemmenden Unebenheiten des Körpers ausgeglichen werden.

Auch der Rumpf ist versteift und starr. Die Wirbel sind miteinander verwachsen. Das Becken bildet über den ganzen Rücken einen festen „Panzer". Das lange Brustbein erstreckt sich über die Bauchseite. Selbst die Rippen sind miteinander verbunden.

In dem gedrungenen, kompakten Rumpf ist die Masse des Körpers zusammengeballt, Kopf und Füße als herausragende Teile sind leicht.

Zwischen den Eingeweiden und Muskeln und in manchen Knochen (Röhrenknochen) befinden sich mit Luft gefüllte Hohlräume, sog. Luftsäcke. Beim Einatmen füllen sich die Luftsäcke mit Luft, beim Ausatmen wird die Luft wieder ausgepreßt. Diese Hohlräume machen den Vogel für seine Körpergröße leicht. Außerdem wirken die Luftsäcke wie ein „Kühler", wenn sich der Körper bei einem anstrengenden Flug erhitzt.

Denk- und Arbeitsanregungen

1. Im Solnhofener Plattenkalk fand man die Versteinerung des Urvogels (Archeoptherix). Erkunde, was seither bewiesen ist!
2. Es ist für das Überleben der Vögel nicht unwichtig, daß sie keine lebendgebärenden Tiere sind. Warum?
3. Sprich zu obenstehenden Skizzen und suche das Stichwort „Stromlinienform" zu erklären!

Luftsäcke des Vogels

Wie sie fliegen

● Der Ruderflug ist die häufigste Vorwärtsbewegung. Hier werden die Flügel gleichmäßig auf und ab geschlagen. Wenn der Vogel die Flügel abwärts schlägt, entstehen Luftströmungen, die ihn vorwärts treiben (Vortrieb). Zur gleichen Zeit drückt der Auftrieb den Körper hoch. Beim Aufwärtszug sackt der Vogel nicht ab. Der Schwung der Vorwärtsbewegung reicht bis zum nächsten Abschlag. Auch wird der Flügel eingeknickt. Der Gegenwind streicht über die gewölbten Armschwingen, und es entsteht wieder ein Auftrieb.

● Mit dem Gleitflug kommen die Vögel ohne Flügelschlag und mit ausgebreiteten Flügeln nach unten, meist zur Landung.

89

Vereinfachte Darstellung des Ruderfluges

● Der Segelflug ist ein Gleitflug im Aufwind.

● Beim Sturzflug zieht der Vogel die Flügel an und jagt so seine Beute.

Denk- und Arbeitsanregungen

1. Vergleiche das Skelett des Vogels mit dem Skelett des Hundes!
2. Zerzause eine lange Schwungfeder und versuche sie wieder zu glätten!
3. Was hat die Technik von der Natur „abgeschaut"?

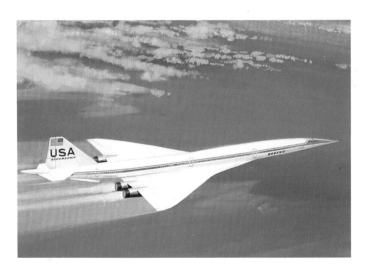

4. Versuche, den Flügel einer Taube zu bekommen! Stelle fest, wo die Hand- und die Armschwingen sitzen!
5. Der Flugpionier Lilienthal hat den Störchen etwas sehr Bedeutsames abgeschaut. Erkundige dich!

6. Blase eine gewölbte Postkarte in Richtung der Pfeile an!

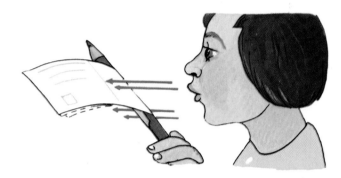

Was hat das Ergebnis mit dem Vogelflug zu tun?
7. Du kannst nun Antwort auf die Frage: „Warum können Vögel so gut fliegen?" geben!

■ **Diese Begriffe kennen wir jetzt**

Stromlinienform – Schwungfedern – Deckfedern – Schwanzfedern – Daunen – Handschwingen – Armschwingen – Luftsäcke – Röhrenknochen – Ruderflug

Wir wissen

▶ woraus sich die Flügel der Vögel entwickelten,
▶ aus welchen Teilen ein Flügel besteht,
▶ aus welchen Federn das Federkleid besteht,
▶ wie der Vogelkörper gebaut ist,
▶ welche Aufgaben Federkleid, lufthaltige Knochen und Luftsäcke haben,
▶ wie der Vogel fliegt,
▶ warum der Vogel so gut fliegen kann.

Welche Aufgaben haben die Teile einer Blütenpflanze?

Sonnenblume

Klatschmohn

Wiesensalbei

Rose

Um uns herum, im Garten, auf der Wiese, im Park, auf dem Feld, wachsen Blütenpflanzen in vielen Formen und Farben. Keine sieht wie die andere aus.
Doch wenn man sie genauer untersucht, wird man häufig den gleichen „Bauplan" feststellen.

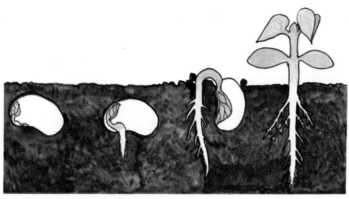

Keimung der Gartenbohne

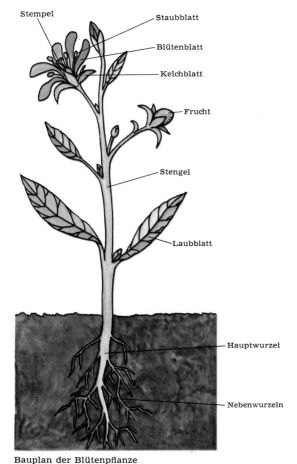

Bauplan der Blütenpflanze

Einige Millimeter über dem Wachstumspunkt (der Stelle, von der aus die Wurzel weiterwächst), bilden sich aus den Oberhautzellen feine Wurzelhärchen. Sie saugen durch ihre hauchdünne Wand das Wasser mit den darin gelösten Nährsalzen aus der Erde.
Wasser und Nährstoffe werden durch die Leitungsbahnen in alle Teile der Pflanze transportiert.
Der Stengel hat neben der Wasser- und Nährstoffleitung die Aufgabe, die Blätter zum Licht zu bringen.

Leitungsbahnen einer Blütenpflanze

Aus einem Bohnenkern entwickelt sich in wenigen Monaten eine meterhohe Bohnenpflanze.
Zunächst wächst eine Hauptwurzel. Die Wurzel verzweigt sich in der Erde. So entsteht allmählich ein reiches Wurzelwerk, das die Pflanze fest im Boden verankert.

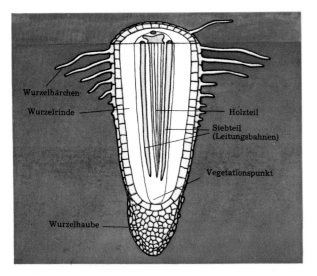

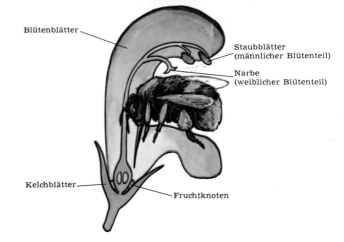

Wurzelhärchen

Wurzelrinde

Holzteil

Siebteil
(Leitungsbahnen)

Vegetationspunkt

Wurzelhaube

Teile
der
Wurzel

Das Wasser wird vor allem in die Blätter transportiert. Hunderte feiner Blattadern versorgen alle Teile des Blattes. Der größte Teil des Wassers wird durch Verdunstung über die Spaltöffnungen wieder an die Luft abgegeben.

Von den Spaltöffnungen (ein Sonnenblumenblatt hat ungefähr 13 Millionen) führen Lufträume bis in das Innere des Blattes. Auf diesen Bahnen findet der Gasaustausch zwischen Pflanze und Außenwelt statt. Durch den Spalt kommt Kohlendioxid in das Blatt und Sauerstoff gelangt hinaus.

Die Kelchblätter schützen die Blütenknospe.

Die Blütenblätter schützen die inneren Blütenteile und locken in vielen Fällen durch ihre Farbe Insekten zur Bestäubung an.

Die Blüte dient der Fortpflanzung und erfüllt somit eine wichtige Aufgabe im Leben der Pflanze.

Denk- und Arbeitsanregungen

1. Was weißt du noch aus der Grundschule über die Aufgaben der Pflanzenteile?

2. Wir befestigen an einem Holzklotz angekeimte Bohnen mit Stecknadeln, die wir so durch die Samenhülle führen, daß ihre Wurzeltriebe nach oben zeigen! Den Klotz stellen wir auf einen tiefen Teller oder einen größeren Blumenuntersetzer, der bis zum Rand mit Wasser gefüllt ist! Über den Klotz stülpen wir dann ein größeres Einmachglas! Sein Rand muß überall in das Wasser eintauchen! Eine solche Versuchsanordnung nennt man „feuchte Kammer". Wir beobachten und betrachten die Wurzel!

3. Schneide den Stengel einer Blütenpflanze, z. B. des Hahnenfußes quer durch und untersuche die Schnittfläche mit der Lupe!

4. Stülpe ein kühles Einmachglas über eine Blütenpflanze! Achte auf die Innenwand des Glases!

5. Grabe vorsichtig eine Blütenpflanze (z. B. die Brennessel) aus und löse im Wasserbad allen Schmutz von der Wurzel!

Benenne die Teile der Blütenpflanze und gib ihre Aufgaben wider!

■ Diese Begriffe kennen wir jetzt

Bauplan – Leitungsbahnen – Verankerung – Spaltöffnung – Gasaustausch – Fortpflanzung

Wir wissen

▶ welchen Grundbauplan die Blütenpflanzen trotz aller Verschiedenheit haben,

▶ welche Aufgaben die Wurzel hat,

▶ welche Aufgaben der Stengel hat,

▶ welche Aufgaben das Blatt hat,

▶ welche Aufgabe die Blüte hat.

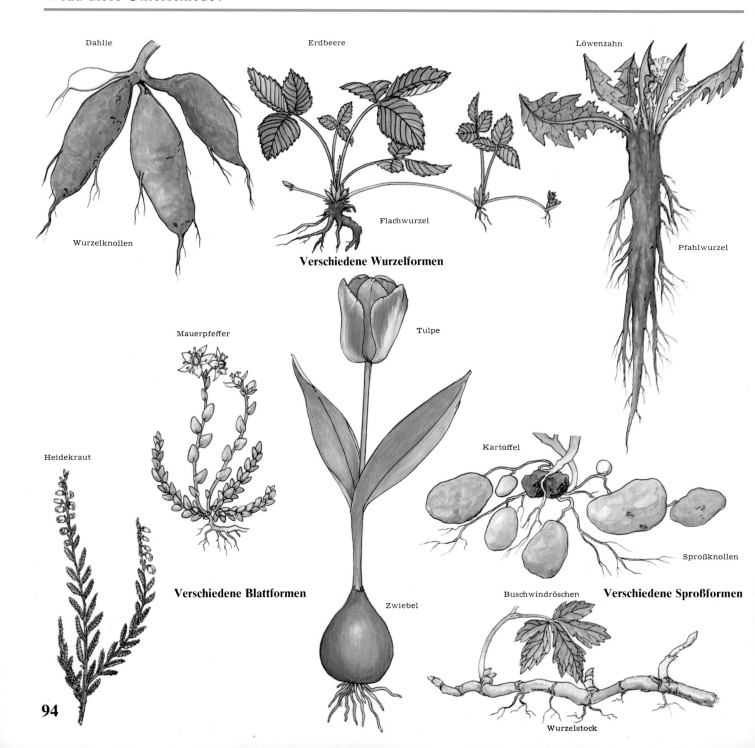

Dahlie

Wurzelknollen

Erdbeere

Flachwurzel

Verschiedene Wurzelformen

Löwenzahn

Pfahlwurzel

Mauerpfeffer

Tulpe

Heidekraut

Verschiedene Blattformen

Zwiebel

Kartoffel

Sproßknollen

Verschiedene Sproßformen

Buschwindröschen

Wurzelstock

Manchmal haben Teile von Blütenpflanzen ein eigenartiges Aussehen, sie sind abgewandelt, verformt. Diese Abwandlung hängt mit deren Aufgabe zusammen und ist auf die Anpassung der Pflanze an ihren Lebensraum zurückzuführen.

Abgewandelte Wurzelformen

Die Pfahlwurzel des Löwenzahns reicht so tief in den Boden, daß die Pflanze auch auf trockenem Standort Wasser und Nährsalze findet.
Die Erdbeere ist im Gegensatz zu Löwenzahn oder Distel eine Pflanze mit flacher Wurzelausbildung, sie ist ein Flachwurzler.
Die verdickten Wurzeln der Dahlie nennt man Wurzelknollen. Sie speichern Stärke, den Nahrungsstoff für das Austreiben im nächsten Jahr.

Abgewandelte Sproßformen

Wurzelstock

Das Buschwindröschen ist einer der ersten Blüher im Frühjahr, da sein waagrecht im Boden liegender Erdstengel Nährstoffe gespeichert hat. In wenigen Tagen entfalten sich alle oberirdischen Teile: Stengel, Blätter, Blüten.
Kaum ist der letzte Schnee verschwunden, da beginnen auch die Tulpen zu wachsen und zu blühen. Die Blume wächst so rasch, daß die Pflanze nicht in der Lage wäre, ihre Baustoffe ebenso schnell zu bilden.

Zwiebel

Die Zwiebel ist ein abgewandelter Sproß. Der Zwiebelboden ist der Stamm der Pflanze. An ihm entspringen kranzförmig die Wurzeln. Die Schalen sind umgestaltete Blätter. In der Mitte zwischen den Schalen befindet sich winzig klein der Stengel, an dem schon kleine Blätter und Blüten vorgebildet sind. Meist ist auch zwischen den inneren Schalen schon eine „Ersatzzwiebel" und eine „Brutzwiebel" angelegt. Im zeitigen Frühjahr treibt der Stengel, der am Zwiebelboden festgewachsen ist, aus, und es entwickeln sich Blätter und Blüten, die ja schon vorgebildet waren. Dabei wird sehr viel Nährstoff verbraucht. Er kommt nicht aus dem Boden, muß also in der Zwiebel vorhanden sein.

Sproßknolle

An einer vorsichtig ausgegrabenen vollständigen Kartoffelstaude ist die alte Saatknolle zu entdecken. Sie ist welk und hohl. Ein Trieb oder mehrere Triebe haben aus den „Augen" der alten Knolle ausgetrieben. Sie bilden den oberirdischen Busch, die Kartoffelstaude. Vom Hauptstamm zweigen aber auch Seitentriebe ab, die sonderbarerweise nicht nach oben, sondern unterirdisch gewachsen sind.

Würde man sie frühzeitig freilegen, d. h. die Erde von ihnen entfernen, dann bildeten sie sich zu Laubtrieben um. So aber wachsen sie zu langen Stengeln heran. Die Enden der Stengel sind zu Knollen verdickt. Diese tragen mehrere Knospen, die geschützt in Vertiefungen sitzen. Die Kartoffel ist also das verdickte Ende unterirdischer Stengelausläufer (Seitensprosse). Daher nennt man die Kartoffelknollen auch Sproßknollen.
Wie die Brutzwiebeln der Tulpe dienen die Kartoffelknollen als Vorratsspeicher. Sie enthalten Wasser, Stärke, Eiweiß und viele Mineralsalze.

Abgewandelte Blattformen

Die kleinen, dickfleischigen Blätter des Scharfen Mauerpfeffers sind zu Wasserspeichern umgebildet. Bei jedem Regen nehmen die Wurzeln soviel Wasser auf, daß sich die Blätter vollsaugen können. Der Vorrat reicht dann lange Zeit.
Beim Heidekraut wird die Wasserabgabe durch die Oberflächenverkleinerung der sog. „Rollblätter" eingeschränkt. Die Blätter sind durch Einrollen der Ränder fast zu „Nadeln" geworden. Nur noch der Spalt zwischen den eingerollten Rändern ist von der Blattunterseite (Spaltöffnungen!) übrig. Diese Rinne ist dazu noch durch Haare gegen Wasserabgabe geschützt.

Denk- und Arbeitsanregungen

1. Vergleiche verschiedene Wurzelformen! Was hat die Form mit ihrer Aufgabe zu tun?
2. Vergleiche verschiedene Sproßformen! Welche Aufgaben haben sie jeweils?
3. Wir lassen eine Zwiebel in einer „feuchten Kammer" treiben! Beobachte und erkläre!
4. Vergleiche verschiedene Blattformen! Welche Bedeutung hat ihre Abwandlung?

■ Diese Begriffe kennen wir jetzt

Pfahlwurzel – Flachwurzel – Wurzelknolle – Sproßknolle – Erdstengel – Vorratsspeicher – Abwandlung

Wir wissen

▶ warum die Wurzel mitunter abgewandelt ist,
▶ aus welchen Gründen der Sproß manchmal abgewandelt ist,
▶ welche Bedeutung die Abwandlung von Blattformen hat.

Stichwortverzeichnis